MANFRED NEUMANN

Arbeitszeitverkürzung gegen Arbeitslosigkeit?

Wirtschaftspolitische Kolloquien
der Adolf-Weber-Stiftung

Arbeitszeitverkürzung gegen Arbeitslosigkeit?

Von

Manfred Neumann

DUNCKER & HUMBLOT / BERLIN

CIP-Kurztitelaufnahme der Deutschen Bibliothek

Neumann, Manfred:
Arbeitszeitverkürzung gegen Arbeitslosigkeit? /
Von Manfred Neumann. — Berlin: Duncker und
Humblot, 1984.
  (Wirtschaftspolitische Kolloquien der Adolf-
  Weber-Stiftung; Band 11)
  ISBN 3-428-05550-0
NE: Wirtschaftspolitisches Kolloquium: Wirtschaftspolitische Kolloquien der ...

Alle Rechte vorbehalten
© 1984 Duncker & Humblot, Berlin 41
Gedruckt 1984 bei Berliner Buchdruckerei Union GmbH., Berlin 61
Printed in Germany
ISBN 3-428-05550-0

Vorwort

Das Thema „Arbeitszeitverkürzung gegen Arbeitslosigkeit" steht heute im Mittelpunkt nicht nur ökonomischer Erörterungen, sondern der gesamtpolitischen Diskussion. Die Adolf-Weber-Stiftung hat im Oktober 1983 in Frankfurt eine Gesprächsrunde veranstaltet, an welcher Vertreter der Wissenschaft, der Wirtschaft und der Gewerkschaften teilgenommen haben. Grundlage der Aussprache war ein Referat von Professor Dr. Manfred Neumann (Erlangen-Nürnberg), dem Vorsitzenden des Wissenschaftlichen Beirates beim Bundesministerium für Wirtschaft.

Wie nicht anders zu erwarten, wurden zu dieser aktuellen und grundlegenden Frage unserer Wirtschaftspolitik teilweise gegensätzliche Positionen bezogen: Die einen sehen hier ein unverzichtbares Instrument der Beschäftigungspolitik, andere befürchten eine weitere Zunahme der Arbeitskosten. Bemerkenswert war jedoch, daß auch Gemeinsamkeiten in der Sorge um die Beschäftigungslage deutlich hervortraten. Die Wirtschaft bejaht die grundsätzliche Notwendigkeit entlastender Arbeitszeitgestaltungen, die Gewerkschaften versichern, es gehe ihnen nicht darum, unter dem Deckmantel der Arbeitszeitverkürzung lediglich zusätzliche Lohnforderungen zu stellen.

Die Adolf-Weber-Stiftung legt als Band 11 der Reihe ihrer Wirtschaftspolitischen Kolloquien die Ergebnisse dieser Gesprächsrunde vor. Sie wurde durch die Stiftung Volkswagenwerk gefördert. Dieser Institution gilt dafür besonderer Dank.

Adolf-Weber-Stiftung

Inhaltsverzeichnis

Arbeitszeitverkürzung gegen Arbeitslosigkeit? 9

Gibt es Sättigungstendenzen? 13
Die Ursachen der Arbeitslosigkeit 16
Verkürzung der Wochenarbeitszeit 24
Wachstumseffekte 29
Kostenneutrale Arbeitszeitverkürzung 31
Flexibilität von Arbeitszeitregelungen 36
Verkürzung der Lebensarbeitszeit 38
Fazit: Was ergibt sich nun aus den vorgetragenen Überlegungen? 41

Zusammenfassung der Aussprache 49

1. Kürzere Arbeitszeit — Schicksal der Industriegesellschaft? 49
2. Eine Großformel als Lösung? 52
3. Arbeitszeitverkürzung — nur „nach Wachstum"? 54
4. Job-Killer Arbeitskosten? 56
5. Arbeitsplätze durch Unternehmensgewinne? 60
6. Arbeitszeitverkürzung — eine „zweite Lohnfront"? 61
7. Weniger arbeiten — „aus Sättigung"? 64
8. „Technischer Fortschritt" — mehr Arbeit oder Freizeit? 67
9. Flexible Arbeitszeit — Hoffnung für den Arbeitsmarkt? 69
10. „Fleißige Deutsche — fleißigere Ausländer?" 71
11. Ausblick: „Arbeitsoptimismus" oder „Umverteilung der Arbeit"? 73

Arbeitszeitverkürzung gegen Arbeitslosigkeit?

Einfache Lösungen besitzen eine große Anziehungskraft. Deshalb tauchen in jeder Knappheitssituation sofort Vorschläge auf, das jeweils knappe Gut zu rationieren. Es ist daher kein Wunder, wenn heute angesichts der hohen Arbeitslosigkeit — ganz ähnlich wie in den dreißiger Jahren — der Vorschlag einer Rationierung der Arbeit durch eine generelle Arbeitszeitverkürzung vorgebracht wurde und vielen einleuchtend und gerecht erscheint.

Von den Verfechtern dieses Vorschlags werden zur Unterstützung ihres Anliegens Modellrechnungen vorgelegt, die einem ebenfalls einfachen Muster folgen[1]. Ausgangspunkt ist die Feststellung, daß die gegenwärtige Zahl der Arbeitslosen in der Bundesrepublik einschließlich der sog. stillen Reserve mehr als 2,5 Millionen beträgt und daß bis zum Ende der achtziger Jahre ungefähr 1 Million Personen neu in das Erwerbsleben eintreten werden. Rechnet man weiter mit einem jährlichen Zuwachs der durchschnittlichen Arbeitsproduktivität von 2 v. H., so werden bei der gegenwärtigen Zahl von unselbständig Erwerbstätigen von etwa 22 Millionen in jedem Jahr ungefähr 400 000 Arbeitskräfte durch technischen Fortschritt freigesetzt, in den kommenden sieben Jahren der laufenden Dekade also etwa 2,8 Millionen. Würde das reale

---

[1] Ein Beispiel für viele findet sich im Gutachten des Ifo-Instituts (Gesamtwirtschaftliche Auswirkungen einer Verkürzung der Arbeitszeit, ifo-schnelldienst 30/83, S. 8 ff.) für das Bundeswirtschaftsministerium. Die Bemerkung (S. 8), die aus der Modellrechnung folgenden Werte korrespondierten „relativ gut mit den Ergebnissen, zu denen das Ifo-Institut mit Hilfe seines Integrierten Prognosemodells" gelangt sei, spricht dabei eher gegen die Nützlichkeit des verwendeten Prognosemodells für die vorliegende Fragestellung, als daß dadurch die Glaubwürdigkeit der simplen Modellrechnung erhöht würde.

Sozialprodukt und damit die gesamtwirtschaftliche Nachfrage in den restlichen Jahren dieser Dekade gar nicht wachsen, so würde sich nach der dargestellten Modellrechnung die Arbeitslosenzahl am Ende der Dekade auf über 6 Millionen belaufen. Bei einer Wachstumsrate des realen Sozialproduktes von jährlich 2 v. H. würde die Freisetzung durch technischen Fortschritt gerade vom Wachstum der gesamtwirtschaftlichen Nachfrage kompensiert, und die Arbeitslosenzahl würde auf nur ca. 3,5 Millionen steigen. Je nach den Annahmen über die Zunahme der Arbeitsproduktivität und über das Wachstum des realen Sozialproduktes ergeben sich mehr oder weniger düstere Zukunftsbilder. Dabei trifft man auf die verbreitete Meinung, daß ein für die Wiedereingliederung der durch technischen Fortschritt freigesetzten Arbeitskräfte und für die Neueingliederung der erstmals ins Erwerbsleben Eintretenden ausreichendes Wachstum des realen Sozialproduktes nicht zu erwarten und — so fügen manche hinzu — aus ökologischen Gründen auch nicht erwünscht sei. Eine generelle Arbeitszeitverkürzung muß vor einem so aufgebauten Szenario als ein Zaubermittel erscheinen. Wird z. B. die wöchentliche Arbeitszeit von 40 auf 35 Stunden herabgesetzt, also um 12,5 v. H. vermindert, so werden schlagartig ungefähr 2,8 Millionen Arbeitsplätze vakant. Selbst wenn nur ein Teil davon wirklich durch jetzt Arbeitslose besetzt würde, so wäre doch das Problem der Arbeitslosigkeit weitgehend gelöst.

So düster das Ergebnis der Modellrechnungen erscheinen muß, so verführerisch ist die Perspektive, die von den Verfechtern einer Arbeitszeitverkürzung aufgezeichnet wird. Nur mit der Realität haben weder die Modellrechnungen, die zur Entwicklung des Zukunftsszenarios angestellt werden, noch die verführerischen Perspektiven einer Arbeitszeitverkürzung viel zu tun. Skepsis muß bereits entstehen, wenn man (Tabelle A) die Jahresarbeitszeit (d. h. die jährliche Normalarbeitszeit minus Urlaub und Feiertage) in den Industrieländern mit der jeweiligen Arbeitslosenquote konfrontiert. Die

Arbeitszeitverkürzung gegen Arbeitslosigkeit? 11

Tabelle A: *Jahresarbeitszeit und Arbeitslosigkeit 1982*

Land	Jahresarbeitszeit in Stunden	Arbeitslosenquote in v. H.
Japan	2101	2,4
Schweiz	2044	0,4*
U.S.A.	1904	9,7
Italien	1848	10,5
Österreich	1844	3,5**
Niederlande	1840	11,5
Vereinigtes Königreich	1833	11,2
Dänemark	1832	8,8
Schweden	1824	3,1**
Frankreich	1801	8,8
Deutschland	1773	6,8
Belgien	1756	13,1

Anmerkungen:
Jahresarbeitszeit = Normalarbeitszeit minus Urlaub und Feiertage der Industriearbeiter, nach Berechnungen des BDA.
Arbeitslosenquote = Arbeitslose in v. H. der zivilen Erwerbsbevölkerung.
Quelle: Europäische Wirtschaft, Beiheft A No. 7, Juli 1983, mit Ausnahme von *, diese nach Dreiundfünfzigsten Jahresbericht vom 1. April 1982 — 31. März 1983 der Bank für Internationalen Zahlungsausgleich (BIZ), Basel 1983, und **, diese nach OECD, Main Economic Indicators, August 1983.

jährliche Arbeitszeit variiert zwischen 2101 Stunden in Japan und 2044 Stunden in der Schweiz auf der einen Seite und 1756 Stunden in Belgien sowie 1773 Stunden in der Bundesrepublik. Zwischen der Jahresarbeitszeit und der Arbeitslosigkeit besteht ein inverser Zusammenhang. Je kürzer die Jahresarbeitszeit, um so höher war 1982 die durchschnittliche Arbeitslosigkeit[2]. So einfach, wie vielfach angenommen wird, liegen die Dinge also nicht. Es bedarf deshalb einer genaueren Analyse der Zusammenhänge.

Dabei sollte Arbeitszeitverkürzung nicht als ein isoliertes Phänomen betrachtet werden. Man sollte auch nicht vorschnell den Schluß ziehen, es gäbe keine Alternative zur Arbeitszeitverkürzung als Mittel der Überwindung der Arbeitslosigkeit. Notwendig ist vielmehr, Arbeitszeitverkürzung als eine der möglichen Optionen anzusehen und sie alternativen Optionen der Wirtschaftspolitik gegenüberzustellen. Dazu ist es erforderlich, eine sorgfältige Analyse der gegenwärtigen Probleme vorzunehmen, die differenzierter sein muß als die Welt der Modellrechnungen.

Zunächst wird es erforderlich sein, nach den Ursachen der gegenwärtigen Arbeitslosigkeit zu fragen; denn inwieweit eine Arbeitszeitverkürzung als Mittel der Beschäftigungspolitik überhaupt in Betracht kommt, hängt davon ab, auf welche Ursachen die Arbeitslosigkeit zurückgeht. Soweit Arbeitslosigkeit konjunkturell bedingt, also vorübergehender Natur ist, ist eine generelle Arbeitszeitverkürzung unzweckmäßig. Angemessen sind vielmehr Maßnahmen der Konjunkturpolitik und temporäre Anpassungsstrategien im Rahmen der Arbeitsmarktpolitik. Auch Arbeitslosigkeit aufgrund von sektoralen, regionalen und qualifikationsbedingten Diskrepanzen zwischen Arbeitsangebot und Arbeitsnachfrage kann nicht durch eine Arbeitszeitverkürzung bekämpft werden. Dadurch würden vielmehr partiell vorhandene Knappheiten vergrößert, ohne daß sich die Einstellungschancen für Arbeitslose erhöhen.

Zu unterscheiden ist ferner eine Arbeitszeitverkürzung als Mittel der Beschäftigungspolitik von einer Arbeitszeitverkürzung, die sich im langfristigen Trend der Entwicklung in den

---

[2] Der Korrelationskoeffizient zwischen der Jahresarbeitszeit und der Arbeitslosenquote beträgt —0,644 und ist bei einer Irrtumswahrscheinlichkeit von 5 v. H. statistisch signifikant.

Industrieländern bewegt. In allen Industrieländern hat die Jahresarbeitszeit eines durchschnittlichen Arbeitnehmers bis in die Gegenwart hinein im Trend bei steigendem Reallohnniveau abgenommen. Der durch technischen Fortschritt bedingte Produktivitätszuwachs wurde also nur zum Teil in Form höherer Reallöhne in Anspruch genommen, zum anderen Teil wurde er dazu benutzt, die Freizeit zu erhöhen.

Die Aufteilung der Früchte des technischen Fortschritts in Einkommenszuwächse einerseits und erhöhte Freizeit andererseits hängt von der relativen Wertschätzung zwischen Einkommen und Freizeit ab. Ein ständig steigendes Güterangebot gleicher Zusammensetzung, das pro Kopf für den Konsum zur Verfügung gestellt wird, würde zu Sättigungserscheinungen führen, so daß die Bereitschaft zu arbeiten sinken und der Wunsch nach mehr Freizeit steigen würde. Solche Sättigungstendenzen wurden in der Vergangenheit — und werden wohl auch in Zukunft — dadurch in Grenzen gehalten oder sogar völlig vermieden, daß ständig neue Güter entwickelt und produziert werden. Nur insoweit, als durch Innovationen die Sättigungstendenzen nicht in Schach gehalten werden, nimmt der Wunsch nach Freizeit zu, so daß Arbeitszeitverkürzungen angebracht sind.

Gibt es Sättigungstendenzen?

In der Tat wird heute von vielen angenommen, daß in den modernen Industriegesellschaften Sättigungstendenzen eingetreten sind[3]. Es wird weiter angenommen, daß die Arbeitszeitregelungen dieser Veränderung bisher nicht ausreichend Rechnung getragen haben, so daß die gegenwärtige Arbeitslosigkeit — auch — auf Sättigungstendenzen zurückzuführen sei.

Bei der Beurteilung dieser These sollte man sich daran erinnern, daß in der Geschichte der modernen Industriewirtschaften schon mehrfach vermutet wurde, daß Sättigung mehr

---

[3] z. B. im oben zitierten Gutachten des Ifo-Instituts, S. 13.

und mehr Platz greife. Zuletzt geschah das in den dreißiger Jahren, als im Gefolge des keynesianischen Denkens eine Stagnationsthese entwickelt wurde und eine weite Anhängerschaft fand. Erinnern sollte man sich auch daran, daß diese These durch die Entwicklung nach dem zweiten Weltkrieg schlagend widerlegt wurde.

Das Problem bei der Beurteilung der Sättigungsthese besteht darin, daß man Sättigung kaum jemals unmittelbar beobachten kann. Beobachten kann man Absatzstockungen und eine daraus resultierende Arbeitslosigkeit. Ob die Arbeitslosigkeit aber auf Nachfragemangel infolge einer eingetretenen Sättigung beruht, läßt sich aus der Beobachtung allein nicht ableiten. Eine Sättigung wäre aber nicht eingetreten, wenn in ausreichendem Maße Innovationen stattgefunden hätten, durch die die Konsumnachfrage ständig neu belebt worden wäre. Das Problem scheint deshalb eher darin zu bestehen, die Ursachen für die nachlassende Innovationstätigkeit zu ergründen. Die Schlußfolgerung, Sättigungstendenzen seien die Ursache der gegenwärtigen Arbeitslosigkeit, scheint deswegen nur dann überzeugend zu sein, wenn sich nachweisen ließe, daß die Innovationschancen geschwunden seien. Angesichts des Innovationsbooms in verschiedenen Sektoren, der sich weniger in Europa, um so mehr aber in Japan und den Vereinigten Staaten von Amerika vollzieht, erscheint mir der Pessimismus hinsichtlich der Innovationschancen schlecht begründet zu sein.

Gegen die Sättigungsthese spricht ferner, daß in den wirtschaftlich unterentwickelten Ländern ein gewaltiges Nachfragepotential sowohl für längst bekannte Güter als auch für neue Güter vorhanden ist, das durch den Prozeß der internationalen Arbeitsteilung aktiviert werden kann. Internationale Arbeitsteilung wird dabei vor allem dadurch charakterisiert, daß sich die Industrieländer entsprechend ihrem Knowhow auf die Entwicklung und Produktion neuer Konsum- und Investitionsgüter spezialisieren, während die Entwicklungsländer die Produktion bekannter Erzeugnisse aufnehmen,

Gibt es Sättigungstendenzen?

die vorher in den Industrieländern produziert wurden. Die Industrieländer exportieren untereinander und in die Entwicklungsländer vor allem neue Produkte, während die Entwicklungsländer alte Produkte in die Industrieländer exportieren. Dabei verschiebt sich die Grenze zwischen neuen und alten Produkten ständig, und dementsprechend setzt der Prozeß der internationalen Arbeitsteilung ständig Innovationen und Strukturwandel voraus. In diesem Prozeß, der zu einer Wohlstandssteigerung für alle Beteiligten führen kann, wird die Nachfrage in den Industrieländern auch dadurch gestützt, daß die Entwicklungsländer noch sehr weit von einer Sättigung auch mit traditionellen Produkten entfernt sind.

Es ist völlig klar, daß in dem notwendigen Strukturwandel in den Industrieländern alte Arbeitsplätze verloren gehen. Es handelt sich hierbei aber um einen Prozeß, den Schumpeter in sehr plastischer Weise als „schöpferische Zerstörung" bezeichnete, denn der technische Fortschritt schafft neue Arbeitsplätze. Er schafft sie nicht nur dadurch, daß die für Rationalisierungsinvestitionen erforderlichen Kapitalgüter produziert werden müssen, sondern vor allem dadurch, daß im Prozeß der internationalen Arbeitsteilung neue Nachfrage aktualisiert wird.

Länder, die isoliert versuchen würden, aus dem Prozeß der internationalen Arbeitsteilung und aus dem Zwang zur Realisierung des technischen Fortschritts auszusteigen, weil sie der Erhaltung gegebener Strukturen und vorhandener Arbeitsplätze den Vorrang geben, scheren aus dem Prozeß der Wohlstandssteigerung aus und werden auf längere Sicht auf die Stufe eines unterentwickelten Landes herabsinken. Der Versuch, Arbeitsplätze zu erhalten, wird dazu führen, daß sie im internationalen Wettbewerb verloren gehen.

16 Arbeitszeitverkürzung gegen Arbeitslosigkeit?

Die Ursachen der Arbeitslosigkeit

Die Ursachen der gegenwärtigen Arbeitslosigkeit sind nach meiner Auffassung nicht im Überhandnehmen von Sättigungstendenzen zu suchen, sondern darin, daß der Prozeß der internationalen Arbeitsteilung aus dem Gleichgewicht geraten ist. Das soll im folgenden zunächst dokumentiert werden.

Ein Blick auf die beigefügte Graphik zeigt, daß sich die derzeit hohe Arbeitslosigkeit in der Bundesrepublik in Schüben entwickelt hat. Nach dem konjunkturellen Einbruch von 1975 blieb die Arbeitslosigkeit auf einem hohen Niveau erhalten. Sie bildete sich nicht, wie nach früheren konjunkturellen Rezessionsphasen, wieder zurück.

Zweifellos haben die Anpassungsprobleme und Vemögenstransfers im Gefolge der Ölpreiserhöhungen von 1973 und 1974 dazu beigetragen, daß die konjunkturellen Einbrüche so gravierend ausfielen und so nachhaltige Wirkungen nach sich zogen. Das Verharren der Arbeitslosigkeit auf hohem Niveau deutet aber wohl auf ein fundamentaleres Problem hin. Konjunkturelle Rezessionen signalisieren gewöhnlich Fehlentwicklungen. Es haben sich Strukturen herausgebildet, die auf Dauer nicht überlebensfähig sind. Verweigert sich eine Volkswirtschaft dem Zwang zur Anpassung und entlastet die Wirtschaftspolitik deshalb diejenigen Sektoren, die in besondere Schwierigkeiten geraten sind, durch Nachfragestützung und durch Subventionen vom Anpassungsdruck, so kann zwar im nächsten konjunkturellen Aufschwung noch der Eindruck entstehen, jetzt sei alles wieder in Ordnung. Tatsächlich aber treten die Probleme in der nächsten Rezession um so gravierender zu Tage.

Eine solche Politik der Strukturerhaltung ist nicht nur in der Bundesrepublik, sondern — vielleicht in noch größerem Maße — in anderen westlichen Industrieländern betrieben worden. Dadurch mußte das Geflecht der internationalen

Die Ursachen der Arbeitslosigkeit

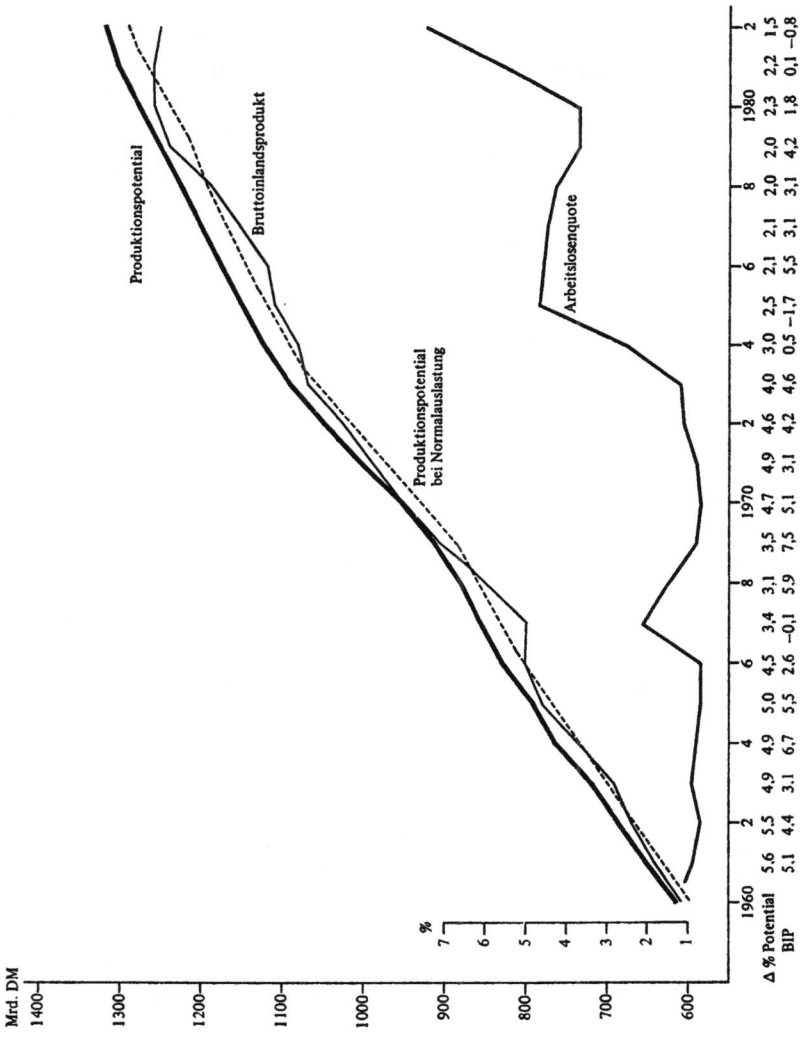

Handelsströme in Mitleidenschaft gezogen werden. Der Fluß der internationalen Arbeitsteilung wurde gestört. Die Folge waren Zahlungsbilanzkrisen und später Kreditkrisen. Das wieder führte dazu, daß weltweit die Liquiditätsneigung von Banken und Wirtschaftsunternehmen zunahm und daß darüber hinaus in den letzten Jahren die Weltwährungsreserven abnahmen und damit die monetäre Basis der Weltwirtschaft schrumpfte. Diese Entwicklungen im monetären Bereich hatten realwirtschaftliche Konsequenzen. Sie trugen entscheidend dazu bei, daß der Realzins weltweit außerordentlich stark anstieg und daß sich Zinssenkungstendenzen bisher nur zögernd durchsetzen konnten.

Kein Land jedoch befindet sich in völliger Abhängigkeit von der internationalen Entwicklung. Jedes Land hat die Chance, durch geeignete Anpassungsstrategien die Angebotsbedingungen der heimischen Wirtschaft zu verbessern. Deshalb ist es notwendig, bei der Analyse der eingetretenen Fehlentwicklungen nicht nur die weltwirtschaftlichen, sondern auch die nationalen Faktoren ins Auge zu fassen.

Wie aus Tabelle B hervorgeht, sank in der letzten Dekade die Bruttoinvestitionsquote (Bruttoanlageinvestitionen in Relation zum Bruttosozialprodukt in Preisen von 1976) von rund 25 v. H. auf etwa 21 v. H., noch stärker sank die Nettoinvestitionsquote, gemessen als Nettoinvestition in Relation zum Potential des Nettoinlandsproduktes zu Marktpreisen von 1976. Sie sank von ca. 18 v. H. am Anfang der sechziger Jahre auf knapp 10 v. H. am Anfang der achtziger Jahre. Gleichzeitig nahm der marginale Kapitalkoeffizient, d. h. der zusätzliche Kapitalbedarf pro zusätzlicher Einheit des Nettoinlandsproduktes von rund 3,4 auf fast 5 zu. Die Folge war ein Absinken der Wachstumsrate des potentiellen Sozialproduktes, so daß die Absorptionsfähigkeit der deutschen Wirtschaft für Arbeitskräfte, die durch technischen Fortschritt freigesetzt worden waren, dramatisch abnahm.

Tabelle B: *Anlageinvestitionen, marginaler Kapitalkoeffizient und Wachstumsrate des potentiellen Bruttoinlandsproduktes in Preisen von 1976 in der Bundesrepublik Deutschland von 1961—1981*

	Brutto-investitionsquote in v. H.	Nettoinvestition: Nettoinlandsprodukt-Potential in v. H.	Marginaler Kapital-koeffizient	Wachstumsrate des BIP-Potentials in v. H.
1961	24,7	18,2	3,2	5,6
1965	25,0	17,5	3,5	5,0
1970	24,2	16,1	3,4	4,7
1975	20,3	9,3	3,7	2,5
1980	21,5	11,3	4,9	2,3
1981	20,8	9,7	4,4	2,2

Quelle: SVR 1982/83, S. 235, 282 f.

Das Sinken der Nettoinvestitionsquote muß letztlich darauf zurückgeführt werden, daß die Rentabilität heimischer Investitionen geringer wurde. Das wieder steht in einem engen Zusammenhang mit der relativen Zunahme der Arbeitskosten. Der Anstieg der Arbeitskosten wird in Tabelle C dargestellt. Die Lohnquote, d. h. die Relation zwischen den Bruttoeinkommen der unselbständig Tätigen einschließlich der Lohnnebenkosten und dem Volkseinkommen stieg von 60 v. H. im Jahre 1960 auf 74 v. H. im Jahre 1982. Dabei ging dieser Anstieg nicht zuletzt auf die Erhöhung der Lohnnebenkosten zurück, denn der Anteil der Nettoeinkommen der unselbständig Tätigen ist im gleichen Zeitraum gesunken. Um Mißverständnissen vorzubeugen, möchte ich betonen, daß diese Entwicklung der Arbeitskosten nach meiner Meinung nicht in erster Linie durch militantes Verhalten der Gewerkschaften bedingt war, sondern vor allem durch die Änderung der Knappheitsrelationen am Arbeitsmarkt. Diese gingen nicht zuletzt auf den Nachfragesog zurück, der vom öffentlichen Dienst ausgegangen ist und der in der volkswirtschaftlichen Gesamtrechnung seinen Niederschlag im Anstieg des Anteils des Staatsverbrauchs fand. Die Gewerkschaften haben genommen, was ihnen der Markt bot.

Die Erhöhung der Arbeitskosten hatte, wie weiter unten noch genauer gezeigt wird, einen doppelten Effekt. Erstens stiegen die Stückkosten. Dadurch minderte sich die internationale Wettbewerbsfähigkeit der inländischen Produktion. Zweitens traten Substitutionseffekte auf. In der privaten Wirtschaft wurde die teurer gewordene Arbeit verstärkt durch Kapital ersetzt, und durch Rationalisierungsinvestitionen wurden vermehrt arbeitssparende Verfahren eingeführt. Die Substitutionseffekte schlugen sich, wie in Tabelle D gezeigt wird, in einer Erhöhung des Kapitalkoeffizienten nieder und in einer Zunahme der Kapitalintensität, die über den Zuwachs der durchschnittlichen Arbeitsproduktivität hinausging.

*Tabelle C: Arbeitskosten- und Nettolohnquote
in der Bundesrepublik Deutschland von 1960—1982*

	Bruttoeinkommen aus unselbständiger Arbeit / Volkseinkommen in v. H.	Nettoeinkommen aus unselbständiger Arbeit / Volkseinkommen in v. H.
1960	60	44
1965	65	47
1970	68	45
1975	73	44
1980	73	42
1982	74	42

Quelle: SVR 1982/83, S. 278 und Monatsberichte der Deutschen Bundesbank 9/1983, S. 68*.

Tabelle D: Kapitalkoeffizient, Kapitalintensität und Produktivitätswachstum in der Bundesrepublik Deutschland 1970—1982

	(1) Durchschnittlicher Kapitalkoeffizient	(2) Kapitalintensität in 1000 DM	(3) Produktivität[a] in DM
1970	3,7	134,3	35 900
1982	4,6	223,8	48 640
Veränderung in v. H.	24,3	66,8	35,5

a) BSP pro Erwerbstätigen, in Preisen von 1976.

Quellen: (1) und (2) nach Stat. Jb. f. d. BR Deutschland 1983, S. 547; nach Monatsbericht der Deutschen Bundesbank 8/1983, S. 68*.

Besonders angesichts der gesunkenen Investitionsquote und wegen des Anstiegs des Kapitalkoeffizienten war es nicht möglich, in ausreichendem Maße Arbeitsplätze zu schaffen, um die durch technischen Fortschritt und Rationalisierungsinvestitionen aus dem Produktionsprozeß freigesetzten Arbeitskräfte wieder einzugliedern. Zwangsläufig mußte technischer Fortschritt im Bewußtsein breiter Kreise mehr und mehr als ein vor allem arbeitsplatzvernichtendes Phänomen erscheinen. Der wirkliche Grund für die Nettofreisetzung von Arbeitskräften aber ist darin zu suchen, daß — nicht zuletzt arbeitskostenbedingt — die Wachstumsrate des Sozialproduktes abnahm.

Aus der Analyse der dargelegten Zusammenhänge ergibt sich schließlich, daß die Unterscheidung zwischen konjunktureller und nicht-konjunktureller Arbeitslosigkeit auf tönernen Füßen steht. Arbeitslosigkeit, die zunächst als Folge einer konjunkturellen Rezession eintritt, kann sich zu nicht-konjunktureller Arbeitslosigkeit verfestigen, wenn die heimische Investitionstätigkeit nicht wieder Tritt faßt. Von 1979/80 auf 1982 ist die Arbeitslosigkeit in der Bundesrepublik um mehr als 1 Million gestiegen. Diese Zunahme hatte vor allem konjunkturelle Gründe. Ob diese Arbeitslosigkeit in dem sich jetzt abzeichnenden neuen konjunkturellen Aufschwung abgebaut wird oder ob sie sich verfestigt, hängt ganz entscheidend davon ab, ob sich die Investitionstätigkeit wieder belebt. In diesem Zusammenhang vor allem ist die Frage zu sehen, wie eine Arbeitszeitverkürzung zu beurteilen ist.

Im Vordergrund der gegenwärtigen Diskussion stehen zwei Formen der Arbeitszeitverkürzung, die Verkürzung der Wochenarbeitszeit und die der Lebensarbeitszeit durch Vorverlegung des Renteneintrittsalters.

Verkürzung der Wochenarbeitszeit

Beginnen möchte ich mit einer Diskussion der Wochenarbeitszeitverkürzung. Dabei soll vorausgesetzt werden, daß ein voller Lohnausgleich stattfindet, daß also bei der Verkürzung der Wochenarbeitszeit z. B. von 40 auf 35 Stunden der Reallohn pro Arbeitnehmer unverändert bleibt. Das bedeutet, daß der Nominallohn mit der Rate der erwarteten Inflation steigt. Alternative Modelle können im Anschluß diskutiert werden. Die Annahme eines vollen Lohnausgleichs möchte ich der Analyse deshalb zugrunde legen, weil er von den DGB-Gewerkschaften, die den Übergang zur 35-Stunden-Woche fordern, verlangt wird und weil die Ablehnung einer Lohnsenkung zur Finanzierung der Verkürzung der Wochenarbeitszeit seitens der Gewerkschaften bei dem gegebenen Niveau der Nettoeinkommen der breiten Masse der Arbeitnehmer auch verständlich ist.

Zur Begründung der Forderung nach vollem Lohnausgleich wird darüber hinaus die Auffassung vertreten, eine Arbeitszeitverkürzung ohne Lohnausgleich führe zu einem Nachfrageausfall, durch den der angestrebte Beschäftigungseffekt gefährdet würde. Dieses sog. Kaufkraftargument ist aber wenig überzeugend. Wie sich die gesamtwirtschaftliche Nachfrage kurzfristig entwickelt, hängt von sehr vielen Faktoren ab, deren Gewicht sehr schwer abzuschätzen ist. Mittel- und längerfristig werden sich jedoch die aus einer Arbeitszeitverkürzung resultierenden Kosteneffekte durchsetzen.

Ein Übergang von der 40- zur 35-Stunden-Woche bei vollem Lohnausgleich bedeutet, daß der Stundenlohnsatz um 14,3 v. H. steigt. Gleichzeitig wird das Arbeitsangebot der derzeit Beschäftigten um 12,5 v. H. vermindert. Strittig ist, in welchem Maße die Arbeitskosten über den rechnerischen Anstieg hinaus bei einer Einführung der 35-Stunden-Woche steigen würden. Hinzurechnen muß man Anpassungskosten (z. B. Zusatzkosten infolge von Überstunden nicht ersetzbarer Facharbeiter), hinzurechnen muß man auch Kosten, die aus einer Verminderung der Kapazitätsauslastung resultieren, sowie solche Kosten, die daraus erwachsen, daß personenbezogene betriebliche Sozialleistungen und die Aufwendungen der Krankenversicherung pro Beschäftigten teilweise unverändert bleiben. Abzuziehen sind die Auswirkungen einer Minderung der finanziellen Belastung der Bundesanstalt für Arbeit, die aus einer infolge von Arbeitszeitverkürzungen eventuell eintretenden Entlastung des Arbeitsmarktes hervorgehen. Abzuziehen sind auch Kostenminderungen in den Unternehmen, die sich beim Übergang zu einem Mehrschichtenbetrieb aus der besseren Auslastung der Kapazitäten ergeben. Alle diese Faktoren sind sehr schwer abzuschätzen. Aus diesem Grunde möchte ich sie im folgenden explizit nicht weiter berücksichtigen.

Bei der Abschätzung der Reaktion der Nachfrage nach Arbeitsleistungen auf eine Erhöhung der Arbeitskosten sind zwei Ebenen der Argumentation zu unterscheiden, eine statische Analyse der kurz- und langfristigen Auswirkungen einer Erhöhung der Arbeitskosten und eine Analyse der Wachstumseffekte.

In statischer Analyse sind zwei Effekte einer Erhöhung der Arbeitskosten zu unterscheiden, die sich im Ergebnis gegenseitig ergänzen. (Vgl. Anmerkung I.)

Erstens führt eine Zunahme der Arbeitskosten zu einer Erhöhung der Stückkosten[4]. Würde in der gesamten Wirtschaft die 35-Stunden-Woche eingeführt, so würden sich die Produktionskosten bei einer Arbeitskostenquote von 0,7 um 0,7 × 14,3 v. H. = 10 v. H. erhöhen. Die Folge sind Preis-

---

[4] Das ist unabhängig davon, ob und in welchem Maße Arbeitskostenerhöhungen zu einer Substitution von Arbeit durch Kapital führen. Auch in dem Fall, in dem auf Grund ausreichender Substitutionsmöglichkeiten die Lohnquote konstant bleibt (Substitutionselastizität von Eins), nehmen die Stückkosten bei einer Erhöhung der Arbeitskosten zu. Vgl. M. Neumann, Theoretische Volkswirtschaftslehre II, Produktion, Nachfrage und Allokation, München 1982, S. 73 ff.

erhöhungen und Absatzeinbußen auf den Inlands- wie auf den Auslandsmärkten. Als Konsequenz sinkt auch die Nachfrage nach Arbeitsleistungen.

Zweitens führt eine Zunahme der Arbeitskosten zu Anpassungsmaßnahmen der Unternehmen, die darauf abzielen, die durchschnittliche Arbeitsproduktivität zu erhöhen. Dazu gehören Maßnahmen zur Intensivierung der Arbeitsleistung wie z. B. Arbeitsverdichtung und Übergang zum Mehrschichtbetrieb, Substitution von Arbeit durch Kapital und die Verstärkung des arbeitssparenden technischen Fortschritts. Durch den Substitutionseffekt wird der Stückkosteneffekt der Arbeitskostenerhöhung teilweise kompensiert.

Kurzfristig ist der Substitutionseffekt und der aus technischem Fortschritt resultierende Effekt der Arbeitskosteneinsparung verhältnismäßig schwach, denn zur Realisierung dieser Effekte sind Investitionen erforderlich, deren Planung und Verwirklichung Zeit erfordert. Kurzfristig wirksam wird vor allem die aus der Erhöhung der Stückkosten resultierende Verringerung der Absatzchancen. Auch hier wieder ist der Effekt kurzfristig geringer als langfristig, denn die für die Nachfragereaktion maßgebliche Preiselastizität der Nachfrage nach den erzeugten Produkten ist kurzfristig vielfach gering. Kurzfristig ist es deshalb durchaus möglich, daß die Reaktion der Arbeitsnachfrage auf die durch eine Arbeitszeitverkürzung verursachte Verteuerung der Arbeit verhältnismäßig schwach ist. Kurzfristig kann es also durchaus positive Beschäftigungseffekte geben. Das gilt — wenn auch in geringerem Maße — wahrscheinlich selbst dann, wenn eine Arbeitszeitverkürzung bei noch unterbeschäftigten Kapazitäten und damit meist verbundenen betrieblichen Arbeitskraftreserven erfolgt[5]. Die Ar-

---

[5] Nur diese kurzfristigen Effekte können mit Hilfe ökonometrischer Konjunkturmodelle quantitativ erfaßt werden. Aus diesem Grunde können die Quantifizierungen der Beschäftigungseffekte von Arbeitszeitverkürzungen durch das Ifo-Institut (a. a. O.) und das DIW (Was bringt der Einstieg in die 35-Stunden-Woche?, DIW Wochenbericht 31/83), die auf Konjunkturmodellen beruhen, nur

beitskostenerhöhung wirkt sich dann vor allem in einer weiteren Erhöhung der Arbeitskostenquote und einer entsprechenden Gewinnkompression aus[6]. Betriebe an der Grenze der wirtschaftlichen Überlebensfähigkeit müssen ausscheiden, und die in ihnen vorhandenen Arbeitsplätze gehen verloren.

Das sich kurzfristig ergebende Bild ist jedoch trügerisch. Längerfristig ist die Preiselastizität der Nachfrage auf den Absatzmärkten, zumal auf den Auslandsmärkten, verhältnismäßig hoch. Das bedeutet, daß vor allem Sektoren mit einem hohen Exportanteil und solche Industriezweige, die einer starken Importkonkurrenz ausgesetzt sind, aufgrund der Erhöhung der Stückkosten Absatz-, Produktions- und Beschäftigungseinbußen hinnehmen müssen[7].

---

wenig überzeugen. Das gemeinsame ökonometrische Konjunkturmodell des Wirtschaftsforschungsinstituts, auf dem die Berechnungen des DIW beruhen, ist dargestellt worden von R. Zwiener (Weiterentwicklung des kurzfristigen ökonometrischen Modells der Wirtschaftsforschungsinstitute, Vierteljahreshefte zur Wirtschaftsforschung, Heft 3/4 — 1980, S. 281—296). Bemerkenswert ist ferner, daß die Befragungen von Unternehmensleitungen bezüglich ihrer Reaktionen auf Arbeitszeitverkürzungen von der Natur der Sache her nur die kurzfristigen Effekte nachweisen können.

[6] Kurzfristig kann dann das eintreten, was offenbar manche erhoffen, daß es nämlich aufgrund von Verknappungstendenzen am Arbeitsmarkt gelingt, einen vorübergehenden Verzicht auf vollen Lohnausgleich wieder hereinzuholen oder sogar Erhöhungen der Reallöhne durchzusetzen. Die Ausführungen von Hans Janßen: „Die Angst um den Arbeitsplatz ist nicht spurlos an unseren Mitgliedern vorübergegangen. Der Kampf um Arbeitszeitverkürzung zur Sicherung und Schaffung von Arbeitsplätzen ist daher gleichzeitig ein Kampf um die Verbesserung unserer Handlungsbedingungen und Durchsetzungsmöglichkeiten" (Der Gewerkschafter 5/83, S. 1). Im gleichen Sinne äußerte sich Franz Steinkühler am 14. 10. 83 nach seiner Wahl zum stellvertretenden Vorsitzenden der IG Metall (vgl. Zitat in Mitteilungen und Kommentare zur Geldwertstabilität, herausgegeben von der Gemeinschaft zum Schutz der deutschen Sparer, Nr. 8/1983).

[7] Geradezu naiv mutet die Behauptung an, die in dem oben zitierten Gutachten des Ifo-Instituts aufgestellt wird, als Folge einer Arbeitszeitverkürzung erhöhe sich der Exportüberschuß. Als Begründung wird angeführt, aus dem ökonometrischen Modell ergebe sich eine Erhöhung des nominellen Außenbeitrags „infolge einer

Dieser Effekt kann kurzfristig durch eine Abwertungstendenz der heimischen Währung abgeschwächt werden. Längerfristig aber ist mit einer Verschlechterung der internationalen Wettbewerbsfähigkeit zu rechnen. Keineswegs ist damit zu rechnen, daß es am Ende zu einer Korrektur der Wechselkurse kommt, durch die der aus Arbeitskostenerhöhungen resultierende Nachteil für den Durchschnitt der Wirtschaft kompensiert wird. Das wäre nur dann der Fall, wenn die Notenbank eine der nominellen Arbeitskostenerhöhung entsprechende Erhöhung des allgemeinen Preisniveaus zuließe. In diesem Falle würden die Reallöhne entsprechend der Arbeitszeitverkürzung sinken, und der angestrebte Reallohnausgleich würde durch Inflation vereitelt. (Vgl. Anmerkung II.)

Längerfristig kommen auch die Substitutionseffekte und die durch technischen Fortschritt möglichen Einsparungseffekte zum Tragen. Aufgrund aller Erfahrungen aus der Geschichte der modernen Industriewirtschaften dürfte anzunehmen sein, daß durch Substitution von Arbeit durch Kapital und durch technischen Fortschritt Arbeit in genau dem gleichen Maße eingespart wird, wie sich die Arbeit verteuert. Anders ist es nicht zu erklären, daß die Lohnquote in fast allen Ländern säkular, d. h. bei Abstraktion von konjunkturellen und auch teilweise längerfristigen Schwankungen, konstant geblieben ist.

Das alles bedeutet, daß die Nachfrage nach Arbeitsleistungen in einem stark außenhandelsorientierten Land wie der Bundesrepublik auf eine Verteuerung der Arbeit langfristig überproportional reagiert. Eine Erhöhung der Arbeitskosten um 14,3 v. H. hat dann eine Verringerung der Arbeitsnachfrage um mehr als 14,3 v. H. zur Folge, so daß die beschäftigungserhöhenden Effekte der Arbeitszeitverkürzung überkompensiert werden könnten.

---

beschleunigten Steigerung der Ausfuhrpreise, die wiederum durch den Anstieg der Lohnstückkosten erklärt wird" (S. 17 f.), als ob die Welt bereit wäre, jede Kostenerhöhung, die wir uns erlauben, auch zu honorieren.

Dabei handelt es sich nicht nur um eine Vermutung. Die für ein außenhandelsorientiertes Land relevante Preiselastizität der Nachfrage (ε in Anmerkung I) wird durch die Summe der Importelastizitäten des Inlandes und des Auslandes gegeben. Das wird klar, wenn man sich vor Augen führt, daß ein einzelnes Land innerhalb der Weltwirtschaft als eine wirtschaftliche Einheit betrachtet werden kann, die den Außenhandelsüberschuß verkauft. Die relevante Preiselastizität der Nachfrage ist die Elastizität des Außenhandelsüberschusses in bezug auf Änderungen der Terms of Trade. Das aber ist die Summe aus der ausländischen und der inländischen Importelastizität. Diese wiederum ist längerfristig größer als Eins. Andernfalls würde die Leistungsbilanz auf Änderungen der Terms of Trade anomal reagieren. Das kann kurzfristig zwar geschehen (sog. J-Kurven-Effekt), weil die Elastizitäten kurzfristig verhältnismäßig gering sind. Längerfristig aber reagiert die Leistungsbilanz normal[8]. Das aber bedeutet, daß die Summe der Importelastizitäten größer als Eins ist. Man kann deshalb mit großer Sicherheit davon ausgehen, daß die relevante Preiselastizität der Nachfrage (ε in Anmerkung I) größer als Eins ist. Wenn die Substitutionselastizität gleich Eins ist, so ergibt sich eine Elastizität der Nachfrage nach Arbeit in bezug auf Änderungen des Reallohnes, die größer als Eins ist. Eine Reallohnerhöhung ruft dann eine überproportionale Verringerung der Arbeitsnachfrage hervor.

Wachstumseffekte

Zu ergänzen sind die statischen Überlegungen nun durch eine weitere Betrachtung, in der der Wachstumsprozeß stärker ins Blickfeld gerückt wird. Es läßt sich zeigen, daß eine Erhöhung der Arbeitskosten eine Verminderung der Wachstumsrate des Sozialproduktes zur Folge hat.

[8] Vgl. Kommission der EG, Der Außenhandel der Gemeinschaft, der USA und Japans, Europäische Wirtschaft Nr. 16, Juli 1983. Danach betrug im Zeitraum 1964—1981 die Summe der Preiselastizitäten der deutschen Ausfuhr und Einfuhr 1,22 (S. 137).

Zu unterscheiden sind dabei drei Effekte:

Erstens wird durch eine Substitution von Arbeit durch Kapital der Kapitalkoeffizient erhöht. Um eine Einheit Sozialprodukt zu erzeugen, ist also ein größerer Kapitaleinsatz erforderlich. Das muß bei einer gegebenen volkswirtschaftlichen Sparquote, aus der die Investitionen gespeist werden, zu einer Verminderung der Wachstumsrate des Sozialproduktes führen. Dieser Effekt kann bei den gegenwärtigen Größenverhältnissen von Bruttoinvestitionsquote, Abschreibungsbedarf und Kapitalkoeffizient beträchtlich sein und bei einer Erhöhung der Arbeitskosten um 14,3 v. H. durchaus zu einer Halbierung der Wachstumsrate führen. (Vgl. Anmerkung III.)

Der zweite Effekt beruht darauf, daß mit der Erhöhung der Arbeitskosten die Rentabilität des im Inland eingesetzten Kapitals sinkt und bei gegebenen Opportunitätskosten des Kapitals — die im wesentlichen durch das internationale Zinsniveau bestimmt werden — die heimische Investitionstätigkeit gedrosselt wird. Aus einer gegebenen volkswirtschaftlichen Sparquote findet ein größerer Kapitalexport statt, und der Kapitalimport in Form ausländischer Direktinvestitionen im Inland verringert sich. Durch die damit verursachte Senkung der heimischen Nettoinvestitionsquote kommt es zu einer weiteren Minderung der Wachstumsrate des Sozialproduktes.

Drittens hat die Erhöhung der Arbeitskosten zur Folge, daß sich die Rate der Obsoleszenz des vorhandenen Kapitalstocks vergrößert, so daß die Rate der Ersatzinvestitionen zunehmen muß, wenn die Produktivität des Kapitalstocks erhalten bleiben soll. Durch diesen dritten Effekt kommt es bei einer gegebenen volkswirtschaftlichen Sparquote zu einer weiteren Senkung der Nettoinvestitionsquote und damit der Wachstumsrate.

Die Konsequenz aus den vorstehenden Überlegungen kann nur sein, daß eine Arbeitszeitverkürzung mit vollem Lohnausgleich die Wachstumsrate der Wirtschaft so stark senkt, daß die Absorptionsfähigkeit der Wirtschaft für die durch technischen Fortschritt freigesetzten Arbeitskräfte sowie für die neu ins Erwerbsleben eintretenden Jahrgänge in gefährlicher Weise verringert wird. Die Annahmen, die in den eingangs zitierten Modellrechnungen getroffen wurden, würden sich als Ergebnis einer Arbeitszeitverkürzung mit vollem Lohnausgleich selbst bestätigen.

Die bisher für den Fall eines vollen Lohnausgleichs durchgeführten Überlegungen gelten mutatis mutandis für alle Fälle, in denen eine Arbeitszeitverkürzung nicht kostenneutral ist.

Kostenneutrale Arbeitszeitverkürzung

Im Rahmen des langfristigen Trends der Entwicklung der Arbeitszeit und kostenneutral ist eine Arbeitszeitverkürzung dann, wenn sie sich in dem Spielraum bewegt, der durch das von Kapitalbildung und technischem Fortschritt getragene Produktivitätswachstum geschaffen wird. Bei der Abschätzung dieses Spielraums ist jedoch Vorsicht geboten.

Als Bezugspunkt kann das neoklassische Wachstumsmodell dienen, durch das die sog. stilisierten Fakten des Wachstums erklärt werden[9]. Sie bestehen darin, daß

— die volkswirtschaftliche Sparquote sowie
— Kapitalkoeffizient und Realzins konstant sind und daß
— der Reallohn mit der gleichen Rate zunimmt wie die durchschnittliche Arbeitsproduktivität.

Als Folge davon ist auch die Lohnquote (= Arbeitskosten/ Sozialprodukt) konstant.

In dem damit gezogenen Rahmen kann die Arbeitszeit des einzelnen Beschäftigten gesenkt und die Zahl der Beschäftig-

---

[9] Vgl. z. B. M. Neumann, Theoretische Volkswirtschaftslehre III, Wachstum, Wettbewerb und Verteilung, München 1982, S. 50.

ten erhöht werden. Der Reallohn pro Arbeitsstunde kann dann immer noch mit der gleichen Rate wie die Produktion pro Arbeitsstunde zunehmen. Der Reallohn pro Beschäftigten steigt aber in einem geringeren Maße. Wenn der gesamte Produktivitätszuwachs pro Arbeitsstunde für eine Vergrößerung der Freizeit eingesetzt wird, bleibt der Reallohn pro Beschäftigten unverändert (Reallohnausgleich) und die Zahl der Beschäftigten kann mit der Rate des Wachstums der Produktivität pro Arbeitsstunde zunehmen. (Vgl. Anmerkung IV.) Eine darüber hinausgehende Zunahme der Zahl der Beschäftigten ist nur möglich, wenn der Reallohn pro Beschäftigten gesenkt wird, wenn der Reallohn pro Arbeitsstunde also weniger stark steigt als die Produktivität pro Arbeitsstunde.

Wird die Arbeitszeit mit einer Rate verringert, die über der Zuwachsrate der Produktivität pro Arbeitsstunde liegt und kommt es nicht zu einer für die Gewährleistung der Kostenneutralität erforderlichen Senkung des Reallohnes pro Beschäftigten, so erhöht sich die Lohnquote. In diesem Fall treten die oben dargelegten Konsequenzen einer nicht kostenneutralen Arbeitszeitverkürzung ein.

Das auf Kapitalbildung und technischem Fortschritt beruhende Produktivitätswachstum in der Bundesrepublik ist seit Anfang der siebziger Jahre beträchtlich gesunken. Wie man aus Tabelle E entnehmen kann, vollzog sich das Sinken des Produktivitätswachstums parallel mit der rückläufigen Entwicklung der Bruttosparquote (d. h. der Relation zwischen Bruttoanlageinvestition und Außenbeitrag zum Bruttoinlandsprodukt). Besonders stark gefallen ist das Produktivitätswachstum in den letzten drei Jahren. Die Zuwachsrate des realen Bruttosozialproduktes pro Erwerbstätigen betrug im Jahre 1980 nur 0,8 v. H., sie fiel im Jahre 1981 weiter auf 0,5 v. H. und stieg 1982 nur geringfügig auf 0,7 v. H. an. In der gleichen Zeit nahm allerdings die auf das potentielle Bruttoinlandsprodukt gerechnete Arbeitsproduktivität um jahresdurchschnittlich 2,1 v. H. zu. Der maximal verfügbare Spiel-

*Tabelle E: Wachstum der Arbeitsproduktivität und
Bruttosparquote in der Bundesrepublik Deutschland 1966—1979*

	Produktivitätswachstumsrate[a] in v. H.	Bruttosparquote[b] in v. H.
1966	4,3[c]	28,0
1970	4,7	29,9
1973	3,6	28,3
1976	3,1	24,2
1979	2,8	25,2

[a] Jahresdurchschnittliche Wachstumsraten gegenüber dem vorangegangenen konjunkturellen Spitzenjahr.
[b] Bruttoanlageinvestition + Export — Import
   Bruttoinlandsprodukt
[c] Bezugsjahr 1962.

Quellen: SVR 1982/83, S. 280 und UN Yearbook of National Account Statistics.

raum, der alternativ für Reallohnerhöhungen und Arbeitszeitverkürzungen genutzt werden kann, scheint also sehr beschränkt zu sein.

Es ist darüber hinaus zu vermuten, daß durch die Arbeitskostenerhöhungen der jüngeren Vergangenheit Substitutionsprozesse eingeleitet wurden, die noch nicht voll abgeschlossen sind. Ein Teil des gegenwärtig zu beobachtenden Produktivitätszuwachses resultiert vermutlich aus diesen noch nicht abgeschlossenen Prozessen.

In diesem Zusammenhang sollte ein Mißverständnis ausgeräumt werden, das bei der Analyse der Folgen einer Arbeitszeitverkürzung vielfach anzutreffen ist und das zur Begründung der Forderung nach Arbeitszeitverkürzungen häufig vorgebracht wird. Dieses Argument besagt, daß durch eine Arbeitszeitverkürzung eine Produktivitätssteigerung hervorgerufen werde, so daß ein Teil der Kostenerhöhungen kompensiert würde. Dieses Argument wird dann verbunden mit der unstrittigen Feststellung, daß ein Produktivitätsfortschritt alternativ zur Reallohnerhöhung oder zur Vermehrung der Freizeit verwendet werden könne. Übersehen wird hierbei, daß die durch eine Kostenerhöhung — infolge einer Arbeitszeitverkürzung bei vollem oder auch partiellem Lohnausgleich — induzierte Produktivitätssteigerung einen völlig anderen Charakter besitzt als die Produktivitätssteigerung, die aus einem gegebenen Niveau der Kapitalbildung und dem damit einhergehenden technischen Fortschritt resultiert. Soweit bei einer Arbeitszeitverkürzung in der Erwartung nachfolgender Produktivitätssteigerungen ein Lohnausgleich stattfindet, ist der potentielle Produktivitätsfortschritt bereits für Lohnerhöhungen verbraucht und steht für eine Zunahme der Freizeit nicht mehr zur Verfügung.

Soll der Spielraum, der für Reallohnerhöhungen wie für Arbeitszeitverkürzungen verfügbar ist, steigen, so muß die Investitionsquote und die daraus alimentierte Rate des technischen Fortschritts erhöht werden. Zu berücksichtigen ist dabei allerdings, daß die Rate des Produktivitätswachstums sektoral und für unterschiedliche Arten der Arbeit verschieden hoch sein kann. Der für Lohnerhöhungen und für Arbeitszeitverkürzungen verfügbare Spielraum wird aber durch den durchschnittlichen Produktivitätszuwachs der gesamten Volkswirtschaft begrenzt.

Bei der Abschätzung des durchschnittlichen Produktivitätswachstums der Zukunft ist zu berücksichtigen, daß das Produktivitätswachstum auch von den Faktorpreisrelationen abhängig ist[10]. Je stärker die Arbeitskosten steigen, um so größer ist der ökonomische Anreiz zur Einführung arbeitssparender Techniken und um so geringer werden die Beschäftigungschancen in arbeitsintensiven Wirtschaftsbereichen. Je geringer der Anstieg der Arbeitskosten, um so geringer wird deshalb auch das Wachstum der Arbeitsproduktivität sein, das sich im Durchschnitt der Gesamtwirtschaft ergibt. In diesem Zusammenhang wird häufig darauf verwiesen, daß in einer Reihe von Sektoren die möglichen Arbeitskosteneinsparungen durch neue Techniken so groß seien, daß ihre Einführung auch bei Lohnzurückhaltung und selbst bei einem Lohnverzicht wirtschaftlich zweckmäßig sei. Das ist richtig. Richtig ist aber auch, daß es daneben andere Sektoren gibt, für die arbeitssparende Technologien nicht oder kaum zur Verfügung stehen und in denen Beschäftigungschancen bestünden, wenn nur die Arbeitskosten eine ausreichende Rentabilität zuließen. Hohes Produktivitätswachstum infolge neuer, arbeitssparender Techniken in einigen Bereichen der Wirtschaft kann also durch geringes Produktivitätswachstum in anderen Bereichen kompensiert werden. Welches Produktivitätswachstum gesamtwirtschaftlich

---

[10] So auch das Memorandum des „Kronberger Kreises": Mehr Mut zum Markt — Wege zur Erneuerung von Wirtschaft und Gesellschaft (auszugsweise im Handelsblatt vom 3./4. Dezember 1982), in dem festgestellt wird, daß diejenigen, die den Zusammenhang zwischen Faktorpreisrelationen und Produktivitätswachstum nicht berücksichtigen, „Vulgärökonomie" betrieben.

zustande kommt, wird deshalb entscheidend durch die Entwicklung der Arbeitskosten beeinflußt.

Dabei können die Strukturverschiebungen zwischen den Sektoren mit starkem und jenen mit geringem Produktivitätswachstum beträchtlich sein. Eine auf vermehrtes Wachstum und Beschäftigung ausgerichtete Wirtschaftspolitik muß deshalb vor allem darauf abzielen, Bedingungen für eine erhöhte Flexibilität der Wirtschaft zu schaffen.

Flexibilität von Arbeitszeitregelungen

Wachstumspolitik im Sinne einer Förderung des technischen Fortschritts und der Flexibilität der Wirtschaft einerseits und Arbeitszeitverkürzungen andererseits stehen deshalb nicht im Gegensatz zueinander. Es handelt sich nicht um Alternativen, sondern um komplementäre Strategien. Zu fragen ist in diesem Rahmen auch, in welchem Maße der durch Produktivitätswachstum geschaffene Spielraum für Arbeitszeitverkürzungen genutzt werden sollte.

In der Diskussion um die Kostenwirkungen von Arbeitszeitverkürzungen ist verschiedentlich darauf verwiesen worden, daß je nach dem Grad der Teilbarkeit der betrieblichen Abläufe Arbeitszeitverkürzungen Anpassungskosten hervorrufen, die in den einzelnen Sektoren der Wirtschaft, aber auch je nach der Größe der Unternehmen unterschiedlich ausfallen können. Eine generelle Arbeitszeitverkürzung wird aus diesen Gründen zu jeweils unterschiedlichen Kostenwirkungen führen und Strukturverschiebungen zwischen Sektoren und Betriebsgrößenklassen zur Folge haben.

Zu bedenken ist ferner, daß die Bereitschaft der Arbeitnehmer, mehr Freizeit auf Kosten eines verminderten Wachstums der Reallöhne zu erhalten, individuell recht verschieden sein kann und dabei von der Höhe des Einkommens, vom Alter, von der Familiengröße und anderen Faktoren abhängig ist. Allgemeinverbindliche Änderungen der Wochenarbeitszeit müssen deshalb mit Notwendigkeit dazu führen, daß nicht alle Arbeitnehmer mit der jeweils getroffenen Regelung zufrieden sind.

Es scheint deshalb im Interesse sowohl der Unternehmen als auch der Arbeitnehmer zu liegen, wenn es möglich wäre, flexible Rahmenregelungen zu finden, die individuelle oder mindestens betriebsindividuelle Regelungen der Arbeitszeit erlauben. Eine Verkürzung der durchschnittlichen Wochenarbeitszeit könnte z. B. dadurch erreicht werden, daß vermehrt Teilzeitarbeitsplätze angeboten werden. Im Extremfall wäre es denkbar, daß jeder einzelne Arbeitnehmer mit seinem Arbeitgeber individuelle Vereinbarungen über die jeweilige Arbeitszeit trifft, wie das vereinzelt auch in der Praxis schon verwirklicht worden ist.

Die Realisierung von mehr Flexibilität bei der Gestaltung der Arbeitsverhältnisse setzt ein Umdenken sowohl auf der Seite der Arbeitgeber als auch auf der Seite der Gewerkschaften voraus. Voraussetzung ist ferner, daß die Konsequenzen für das System der sozialen Sicherung sorgfältig durchdacht und daß die sozialversicherungsrechtlichen Regelungen angepaßt werden. Wichtig ist, sich andererseits klar zu machen, daß durch flexiblere Regelungen die Freiheit der Wahl der Arbeitszeit innerhalb des offiziellen Beschäftigungssystems vergrößert wird. Demgegenüber würden schematische Regelungen der Verkürzung der Arbeitszeit dazu führen, daß vielfach Beschäftigungen außerhalb des offiziellen Beschäftigungssystems gesucht würden.

Man sollte allerdings nicht erwarten, daß von einer erhöhten Flexibilität bei der Gestaltung der Arbeitszeit unmittelbar ins Gewicht fallende Beschäftigungseffekte ausgehen, die den Arbeitsmarkt quantitativ entlasten würden. Das Gegenteil kann eintreten, wenn sich das Arbeitsangebot aus der sog. stillen Reserve erhöht, weil mehr Arbeitnehmer, die bisher wegen des beschränkten Angebots an Teilzeitarbeitsplätzen die aktive Suche nach einem Arbeitsplatz eingestellt hatten, nun am Arbeitsmarkt wieder als Arbeitsuchende in Erscheinung treten. Langfristig allerdings kann durch eine erhöhte Flexibilität der Wahl der Arbeitszeit die Arbeitsproduktivität steigen, so daß sich die Voraussetzungen für mehr Wachstum und Beschäftigung verbessern.

Verkürzung der Lebensarbeitszeit

Der zweite Weg, auf dem man sich eine Entlastung des Arbeitsmarktes verspricht, besteht in einer Verkürzung der Lebensarbeitszeit durch eine Vorverlegung des Renteneintrittsalters. Diskutiert werden vor allem Modelle einer sog. Übergangsrente, die teilweise vom Staat, den Rentenversicherungsträgern und der Bundesanstalt für Arbeit, und teilweise von den Tarifpartnern finanziert werden sollen.

Dabei sollte man wissen, daß das durchschnittliche Renteneintrittsalter im Jahre 1982 in der Arbeiterrentenversicherung bei 58 Jahren, in der Angestelltenrentenversicherung bei 60 Jahren, bei den Beamten beim Bund, den Ländern und Gemeinden bei 59 Jahren und bei den Beamten von Bundesbahn und Bundespost bei 56 Jahren lag[11].

Die Schätzungen darüber, welche Entlastungseffekte sich aus der Verwirklichung von Modellen der Übergangsrente ergeben, laufen auf folgendes hinaus: Wenn volle versicherungsmathematische Abschläge vorgenommen werden, ergeben sich so starke Minderungen des Rentenniveaus, daß vermutlich nur verhältnismäßig wenige Arbeitnehmer von der Möglichkeit einer Inanspruchnahme der Übergangsrente freiwillig Gebrauch machen werden[12]. Verzichtet man dagegen auf volle versicherungsmathematische Abschläge, so müssen beträchtliche Mittel seitens des Bundes und/oder der Träger der

---

[11] Sachverständigenkommission Alterssicherungsgrenze, 1983.
[12] Vgl. H. Winterstein, Verkürzung der Lebensarbeitszeit, WiSt Heft 2, Februar 1983.

gesetzlichen Rentenversicherung aufgebracht werden, so daß sich die ohnehin schwierige finanzielle Lage der Rentenversicherungsträger abermals verschärft oder Unternehmen und Haushalte werden durch zusätzliche Steuern oder Beiträge belastet[13]. Aber selbst bei einer versicherungsmathematischen Kürzung der Rentenhöhe ist eine länger dauernde Belastung des Rentenversicherungssystems nicht vermeidbar, denn die Abschläge verteilen sich auf die Gesamtlaufzeit der Renten. Ein rechnerischer Ausgleich wird also erst in dieser Frist erfolgen, während das Rentenversicherungssystem sofort durch die bei der Verrentung anfallenden Leistungen belastet wird.

Zu berücksichtigen ist ferner, daß aufgrund der demographischen Entwicklung in den neunziger Jahren eher mit einer Verknappung am Arbeitsmarkt zu rechnen sein wird und daß in nicht allzu ferner Zukunft mit einer erheblichen Belastung des Rentenversicherungssystems infolge der Zunahme der sog. Altenlastquote gerechnet werden muß.

Aus diesem Grunde werden die Vorschläge zur Vorverlegung des Renteneintrittsalters in der Regel nur als zeitlich befristet angesehen. Mit dem Wandel der Bevölkerungsstruktur, insbesondere mit dem Anwachsen der Altenlastquote sollen die in Aussicht genommenen Regelungen auslaufen. Die Möglichkeiten allerdings, einen einmal geschaffenen Besitzstand zu widerrufen, werden von den Verfechtern der Übergangsrente wahrscheinlich weit überschätzt. Wenn eine nennenswerte Entlastung des Arbeitsmarktes erreicht werden soll,

---

[13] Das Argument, die finanziellen Leistungen des Staates könnten aus den Einsparungen der Bundesanstalt für Arbeit gedeckt werden, ist nur insoweit stichhaltig, als die Verwirklichung des Modells der Übergangsrente zu einer Verminderung der Arbeitslosigkeit führt. Wie unten gezeigt wird, muß aber damit gerechnet werden, daß die Zahl der eingestellten Arbeitslosen geringer ist als die Zahl der vorzeitig verrenteten Personen. Ferner ist zu berücksichtigen, daß die augenblickliche finanzielle Belastung der Bundesanstalt für Arbeit auch durch Konjunktur- und Wachstumspolitik abgebaut werden kann, während sie bei einer Verwirklichung des Modells der Übergangsrente auf lange Zeit festgeschrieben wird.

sind beträchtliche Vergünstigungen seitens des Staates erforderlich, die nach aller Erfahrung alsbald als fester Bestandteil des sozialen Netzes angesehen werden. Zwar würden die Bestandteile der Übergangsrentenregelung, die sich auf Leistungen der Tarifvertragsparteien beziehen, vergleichsweise leicht abbaubar sein, die Leistungen des Staates bzw. der Rentenversicherungsträger dagegen könnten — wie die gegenwärtige Diskussion um die Revision des Systems der Sozialtransfers deutlich macht — nur unter außerordentlichen Schwierigkeiten wieder abgebaut werden.

Die Vorschläge zur vorzeitigen Verrentung besitzen aber noch eine andere Dimension, die über das rein Ökonomische hinausgeht. Obgleich alle Vorschläge formal Freiwilligkeit für die Vorverlegung der Altersgrenze vorsehen, hat doch die Erfahrung gezeigt, daß in der betrieblichen Praxis, namentlich in Sektoren, die sich in wirtschaftlichen Schwierigkeiten befinden, auf ältere Arbeitnehmer ein beträchtlicher Druck ausgeübt wird, von der Möglichkeit der vorzeitigen Verrentung Gebrauch zu machen. Abgesehen davon, daß volkswirtschaftlich gesehen, auf diese Weise auf die Nutzung von Erfahrungen und Kenntnissen verzichtet wird, entstehen schwerwiegende menschliche Probleme, die nicht leicht genommen werden sollten.

Schließlich ist darauf hinzuweisen, daß eine vorzeitige Verrentung nur dann am Arbeitsmarkt entlastend wirkt, wenn eine Wiederbesetzung der freigewordenen Arbeitsplätze durch Neueinstellung erfolgt. In den Vorschlägen zur Einführung einer Übergangsrente wird deshalb konsequent auch an die Einführung einer Wiederbesetzungspflicht gedacht oder die Wiederbesetzung mit finanziellen Anreizen verknüpft. Auf die Schwierigkeiten, die Wiederbesetzung administrativ wirksam zu kontrollieren, sei nur hingewiesen. Sichergestellt werden muß außerdem, daß die aus dem Erwerbsleben Ausgeschiedenen nicht wieder — u. U. im Bereich der Schattenwirtschaft — in das Erwerbsleben eintreten.

Fazit: Was ergibt sich nun aus den vorgetragenen Überlegungen?

Es kann nach meiner Auffassung keinen Zweifel daran geben, daß sich der langfristige Trend einer Verkürzung der Arbeitszeit im Rahmen des Produktivitätswachstums fortsetzen wird. Eine Überwindung der gegenwärtigen Arbeitslosigkeit ist dadurch aber nicht zu erwarten. Der Versuch jedoch, durch eine forcierte Verkürzung der Arbeitszeit bei vollem oder auch bei nur partiellem Lohnausgleich die Arbeitslosigkeit zu bekämpfen, ist zum Scheitern verurteilt, wenn auch kurzfristige, aber trügerische Erfolge nicht ausgeschlossen sind. Wer aber über den Horizont des nächsten Tages hinausschaut und wem am langfristigen Wohlergehen der breiten Masse der Bevölkerung liegt, muß eine solche Politik ablehnen. Wirklich erfolgversprechend ist allein eine Politik, die auf die Schaffung neuer Arbeitsplätze gerichtet ist. Zu diesem Zweck ist es erforderlich, daß die Entwicklung der Arbeitskosten den herrschenden Knappheitsverhältnissen am Arbeitsmarkt Rechnung trägt. Arbeitskräfteknappheit in den sechziger und frühen siebziger Jahren schuf für die Unternehmen Anreize zur Realisierung arbeitssparender Techniken und zu einem hohen Wachstum der Arbeitsproduktivität. Die Tarifvertragsparteien verfügten deshalb über große Spielräume zur Erhöhung der Reallöhne und für Arbeitszeitverkürzungen. Bei veränderten Bedingungen am Arbeitsmarkt ist heute der für Reallohnsteigerungen und Arbeitszeitverkürzungen verfügbare Spielraum geschrumpft. Deshalb ist stärkere Zurückhaltung der Ansprüche und Forderungen geboten. Ein Verkennen der beschränkten Möglichkeiten wird nicht die Marktkräfte, denen die deutsche Wirtschaft im internationalen Wettbewerb ausgesetzt ist, außer Kraft setzen. Sie werden sich Geltung verschaffen, ob wir es wollen oder nicht, so daß das Gegenteil von dem erreicht wird, was durch Arbeitszeitverkürzungen angestrebt worden ist. In der gegenwärtigen Lage kommt es darauf an, Realitätssinn zu besitzen und deswegen die inter-

42 Arbeitszeitverkürzung gegen Arbeitslosigkeit?

nationalen Angebotsbedingungen der deutschen Wirtschaft zu verbessern. Nur dadurch können auf die Dauer Arbeitsplätze gesichert werden und nur durch Wachstum können neue Arbeitsplätze für die neu ins Erwerbsleben Eintretenden geschaffen werden.

Der vielfach erhobene Einwand, mehr Wachstum führe zur Umweltzerstörung, ist nicht stichhaltig. Im Gegenteil, Erhaltung der Umwelt bei gleichzeitiger Bewahrung des erreichten Wohlstandsniveaus und der Chance der Wohlstandserhöhung setzt technischen Fortschritt in einer wachsenden Wirtschaft voraus.

Wir stehen vor der Wahl zwischen einem Weg, der längerfristig verheerende Folgen haben würde, und einem Weg, der zwar nicht ohne Risiken ist, der aber letztlich Erfolg verspricht.

Anmerkung 1: Elastizität der Arbeitsnachfrage

Die Nachfrageelastizität nach Arbeit in bezug auf eine Erhöhung der Arbeitskosten kann durch

$$\lambda = (1-k)(\varepsilon-\sigma) + \sigma = (1-k)\varepsilon + k\sigma$$

beschrieben werden.

λ gibt an, um wieviel Prozent die Arbeitsnachfrage sinkt, wenn die Arbeitskosten um ein Prozent steigen.

ε ist die Preiselastizität der Nachfrage auf den Absatzmärkten.

$1-k$ ist der auf Arbeit entfallende Anteil der Produktionskosten.

σ ist die Substitutionselastizität. Sie gibt an, um wieviel Prozent die Kapitalintensität steigt, wenn die Arbeitskosten/Kapitalkosten-Relation um ein Prozent zunimmt.

Diese von J. R. Hicks (The Theory of Wages, 2nd ed., London 1963, Erstauflage 1932) hergeleitete Formel (vgl. dazu auch M. Neumann, Theoretische Volkswirtschaftslehre II, Produktion, Nachfrage und Allokation, München 1982,

S. 84 ff.) gilt unter der Annahme eines vollkommen elastischen Angebots der Produktionsfaktoren und bei vollständiger Konkurrenz. Die Annahme vollkommener Elastizität des Angebots der Produktionsfaktoren ist langfristig gut vertretbar. Wird die Annahme vollständiger Konkurrenz aufgegeben, so ist 1—k nicht mehr der Kostenanteil des Faktors Arbeit, sondern der Einkommensanteil (vgl. M. Neumann, a. a. O., S. 86). Auf die Gültigkeit der anhand der Elastizitätsformel durchgeführten Argumentation hat das keinen Einfluß. Eine unter alternativen Annahmen über die Produktionstechnik durchgeführte Analyse, die zu analogen Resultaten bezüglich der Beschäftigungseffekte bei vollem Lohnausgleich führt, findet sich bei R. Linde (Beschäftigungseffekte von Arbeitszeitverkürzungen mit Lohnausgleich, Jahrbücher für Nationalökonomie und Statistik 198 (1983)).

Anmerkung II:
Wechselkurseffekte einer Arbeitskostenerhöhung

Angenommen sei reines Floating. Zur Vereinfachung sei ferner zunächst angenommen, daß internationaler Kapitalverkehr nicht stattfindet. Unter dieser Voraussetzung ist die Leistungsbilanz infolge des Wechselkursmechanismus und des Einkommensmechanismus ständig ausgeglichen.

Wenn eine Erhöhung der Arbeitskosten eintritt, steigen die Stückkosten der Produktion, und bei gegebener Weltnachfrage geht die heimische Produktion zurück, und möglicherweise steigt der Wechselkurs der heimischen Währung, es kommt zu einer Abwertung. Beide Effekte sichern den Ausgleich der Zahlungs- und Leistungsbilanz. Nur wenn eine Senkung der heimischen Produktion nicht einträte, würde der Ausgleich der Leistungsbilanz allein durch den Wechselkursmechanismus herbeigeführt. In diesem Falle würde der Anstieg der Stückkosten durch die Abwertung kompensiert. Wenn und soweit es jedoch zu einem Rückgang der heimischen

Produktion kommt, tritt eine solche vollständige Kompensation der erhöhten Stückkosten durch eine Abwertung der heimischen Währung nicht ein.

In einem zweiten Schritt der Argumentation läßt sich nun zeigen, daß eine solche Kompensation überhaupt nicht einzutreten braucht. Ausgangspunkt ist dabei die Feststellung, daß der Wechselkurs, als internationaler Preis der heimischen Währung, langfristig determiniert wird durch die Gleichung

$$e = \frac{M^a/L^a\ (Y^a,\ r)}{M/L\ (Y,\ r)}.$$

Dabei ist e der Wechselkurs (e DM pro Einheit der ausländischen Währung), M ist das heimische und M^a das ausländische Geldangebot, L (Y, r) ist die vom Sozialprodukt Y und dem Zins r abhängige heimische Geldnachfrage und L^a (Y^a, r) ist die ausländische Geldnachfrage.

Die vorstehende Gleichung (vgl. dazu R. I. McKinnon, The Exchange Rate and Macroeconomic Policy: Changing Postwar Perspectives, Journal of Economic Literature 19 (1981), M. Neumann, Theoretische Volkswirtschaftslehre I, Makroökonomische Theorie: Beschäftigung, Inflation und Zahlungsbilanz, 2. Aufl., München 1983, S. 322) beruht auf der Quantitätstheorie des Geldes und der Kaufkraftparitätentheorie, die kurzfristig keine Geltung beanspruchen können, die aber als langfristig gültige Zusammenhänge empirisch gut bestätigt sind.

Die Gleichung besagt, daß der Wechselkurs durch die relative Höhe des heimischen Geldangebotes bestimmt wird. Wenn das heimische Geldangebot ceteris paribus steigt oder die heimische Geldnachfrage ceteris paribus fällt, so erhöht sich der Wechselkurs, es kommt zu einer Abwertung der heimischen Währung, deren relatives Angebot gestiegen ist.

Angenommen sei nun, daß der Zinssatz r aufgrund der Interdependenz der nationalen Kapitalmärkte international gleich hoch ist und daß der im Inland geltende Zins aus diesem Grunde durch nationale Geldpolitik nicht beeinflußt werden kann. Das ist eine Annahme, die für die deutsche Wirtschaft gegenwärtig weitgehend zutrifft.

Wenn als Folge einer Stückkostenerhöhung das heimische Sozialprodukt sinkt, so nimmt die heimische Geldnachfrage ab. Wenn dann die Zentralbank das Geldangebot konstant ließe, so müßte das heimische Preisniveau ansteigen, und der Wechselkurs würde im gleichen Maße steigen. Durch den Anstieg des heimischen Preisniveaus würde der durch eine Nominallohnerhöhung zunächst gestiegene Reallohn wieder auf sein altes Niveau sinken und ebenso würden die Stückkosten wieder auf die frühere Höhe fallen. Wenn die Zentralbank demgegenüber zur Vermeidung von Inflationseffekten das Geldangebot entsprechend der Verringerung der Geldnachfrage zurücknimmt, bleiben Preisniveau und Wechselkurs unverändert. Dann aber ist nur das heimische Sozialprodukt gefallen, und der Ausgleich der Leistungsbilanz kommt allein durch den Einkommensmechanismus zustande.

Damit ist nicht ausgeschlossen, daß kurzfristig infolge überschießender Wechselkursreaktionen eine Kompensation der Kostenerhöhungen stattfinden kann. Langfristig aber setzt sich die Kaufkraftparität durch, und langfristig gilt auch die Quantitätstheorie des Geldes. Das aber bedeutet, daß durch Arbeitszeitverkürzungen relative Preise verändert werden und daß diese Änderungen nicht durch Wechselkurskorrekturen kompensiert werden.

Anmerkung III: Wachstumseffekte

Die Wachstumsrate des Sozialproduktes beträgt (im Modell einer geschlossenen Wirtschaft)

$$g = \frac{\Delta Y}{Y} = \frac{s - \delta v}{v'}.$$

46 Arbeitszeitverkürzung gegen Arbeitslosigkeit?

Dabei ist s die Bruttoinvestitionsquote
v der durchschnittliche Kapitalkoeffizient (K/Y)
v' der marginale Kapitalkoeffizient (ΔK/ΔY)
δ die Rate der erforderlichen Ersatzinvestitionen.

Bei einer Erhöhung des marginalen Kapitalkoeffizienten um 1 v. H. kommt es, falls der marginale Kapitalkoeffizient v' gleich dem durchschnittlichen Kapitalkoeffizienten ist, zu einer Verringerung der Wachstumsrate um

$$-\frac{v}{g}\frac{\partial g}{\partial v} = \frac{s - \delta v}{s}$$

Prozent. Ein Beispiel: Bei einer Bruttoinvestitionsquote von 20 v. H. und einem marginalen Kapitalkoeffizienten von 5 sowie einer Ersatzinvestitionsrate von 3 v. H. beträgt die Wachstumsrate 1 v. H. Wenn sich der Kapitalkoeffizient um 10 v. H. erhöht, so sinkt die Wachstumsrate um 40 v. H., d. h. von 1 v. H. auf 0,6 v. H.

Anmerkung IV:
Kostenneutrale Arbeitszeitverkürzung

Angenommen sei eine Produktionsfunktion Y = F (K, AL), nach der das Sozialprodukt Y vom Kapitaleinsatz K und vom Arbeitseinsatz L abhängig ist. Die Effizienz des Arbeitseinsatzes wird durch den Parameter A zum Ausdruck gebracht. Dieser Parameter verändert sich als Folge des technischen Fortschritts mit der Rate a. Der Arbeitseinsatz L = hB ist gleich dem Produkt aus der Zahl der Beschäftigten B und der durchschnittlichen Zahl der Arbeitsstunden h.

In einem Gleichgewicht, in dem bei gegebener Investitionsquote der Kapitalkoeffizient K/Y konstant ist, beträgt die Wachstumsrate des Sozialproduktes und des Kapitalstocks

(1) $\dot{Y}/Y = \dot{K}/K = a + \dot{h}/h + \dot{B}/B$

Durch einen Punkt über einer Variablen wird die Veränderung in der Zeit angegeben, also ist z. B. $\dot{Y}$ = dY/dt.

Fazit

In dem Wachstumsgleichgewicht ist auch die Lohnquote wh B/Y konstant. Das impliziert

(2) $\dot{w}/w + \dot{h}/h + \dot{B}/B - \dot{Y}/Y = 0$.

Setzt man darin den sich aus Gleichung (1) ergebenden Ausdruck für $\dot{h}/h + \dot{B}/B$ ein, so folgt

(3) $\dot{w}/w = a$

Der Reallohn pro Arbeitsstunde wächst also mit der durch technischen Fortschritt gegebenen Rate a.

Wird nun die durchschnittliche Arbeitszeit der Beschäftigten mit der Rate a gesenkt und wird die Zahl der Beschäftigten mit der gleichen Rate erhöht, so ist $\dot{h}/h + \dot{B}/B = 0$, und man erhält aus (1)

(4) $\dot{Y}/Y = a$

Reallohn pro Arbeitsstunde und Sozialprodukt wachsen also mit der Rate a. In diesem Falle bleibt der Reallohn pro Beschäftigten, also wh, konstant (Reallohnausgleich), und ebenso bleibt das Produktionsergebnis pro Beschäftigten, Y/B, konstant.

Die Zusammenhänge seien durch das folgende Zahlenbeispiel verdeutlicht:

Angenommen sei eine Zuwachsrate der durchschnittlichen Produktivität pro Arbeitsstunde von 2,5 v. H. Bei Konstanz des Reallohns pro Beschäftigten könnte dann die wöchentliche Arbeitszeit von 40 Stunden um 2,5 v. H., d. h. um eine Stunde auf 39 Stunden verkürzt werden. Wenn alle dadurch entstehenden Vakanzen durch Neueinstellungen beseitigt werden, nimmt die Zahl der Beschäftigten um 2,5 v. H. zu, bei 22 Mio. Beschäftigten also um 550 000. Bei ca. 200 000 neu ins Erwerbsleben Eintretenden könnte die Arbeitslosigkeit um 350 000 Personen abgebaut werden.

Bei diesem Zahlenbeispiel ist freilich vernachlässigt worden, daß durch die Umstellung auf eine verkürzte Arbeitswoche

Zusatzkosten infolge einer Minderauslastung des Kapitalstocks eintreten können und daß darüber hinaus weitere Zusatzkosten möglich sind, die dem Faktor Arbeit zugerechnet werden müssen. Durch derartige Zusatzkosten wird ein Teil des Produktivitätswachstums de facto verbraucht und steht für eine Arbeitszeitverkürzung nicht mehr zur Verfügung.

Zusammenfassung der Aussprache

1. Kürzere Arbeitszeit — Schicksal der Industriegesellschaft?

Die Gesprächsrunde aus Vertretern von Wissenschaft, Wirtschaft und Gewerkschaften hat sich in der Diskussion des Themas „Arbeitszeitverkürzung gegen Arbeitslosigkeit" auf die Frage der Wochenarbeitszeit konzentriert. Nur am Rande wird eine Verkürzung der Jahresarbeitszeit oder der Lebensarbeitszeit angesprochen. Nachdem schon heute die Beschäftigten im Durchschnitt vor Erreichung des sechzigsten Lebensjahres aus dem aktiven Erwerbsleben ausscheiden, sieht man offensichtlich hier nicht eine Möglichkeit der Arbeitszeitverkürzung von entscheidender Bedeutung.

a) Die Runde beschäftigt sich zunächst mit den *Gründen der gegenwärtigen Arbeitslosigkeit*. Einigkeit besteht darin, daß hier konjunkturelle Entwicklungen nicht in den Vordergrund gestellt werden sollten; sie könnten zwar auch zu Schwankungen auf dem Arbeitsmarkt führen, das Phänomen der heutigen Arbeitsmarktbelastung lasse sich jedoch damit allein nicht erklären.

Alle Seiten betonen, daß längerfristig wirksame Gründe feststellbar seien. Genannt wird vor allem die seit 1973 *rückläufige Investitionsquote*. Zwar müsse einerseits berücksichtigt werden, daß der Rückgang der Investitionen weniger dramatisch erscheinen könne, wenn in diesen Begriff etwa auch software einbezogen werde. Andererseits könne sich die Investitionsentwicklung aber sogar noch ungünstiger darstellen, wenn Abschreibungen in größerem Umfang, entsprechend internationalen Vergleichstatbeständen, vorgenommen würden; die Nettoinvestitionsquote läge dann noch weit unter jenen Werten, von denen heute die Diskussion ausgeht.

Die steigende Kapitalintensität bei der Schaffung von Arbeitsplätzen war, nach allgemeinem Urteil, ebenfalls von wesentlichem Einfluß auf den Rückgang der Beschäftigung. Für die nächsten Jahre dürfte diese Entwicklung kaum reversibel sein, was der Wirksamkeit selbst einer steigenden Investitionstätigkeit Grenzen setzt.

Nicht zuletzt aber würden, so wird angemerkt, in einer langfristigen Entwicklung heute *Versäumnisse schon weiter zurückliegender Jahre* sichtbar. Sie führten nun zu Beschäftigungseinbrüchen selbst dort, wo durchaus noch oder wieder in verstärktem Maß technischer Fortschritt wirksam sei.

Daß unter diesen Umständen die Lage auf dem Arbeitsmarkt, auch längerfristig, ernst ist — darüber besteht, während der ganzen Aussprache, deutlicher Grundkonsens.

b) Unterschiedliche Auffassungen werden jedoch bei dem Versuche sichtbar, die gegenwärtigen Probleme in den größeren Zusammenhang einer *wirtschaftshistorischen Betrachtung* zu stellen.

Von Gewerkschaftsseite wird behauptet, in gewissem Sinne sei *Arbeitszeitverkürzung ein Schicksal der* Industriegesellschaft. Mit jedem technischen Fortschritt, vor allem aber seit Mitte des vergangenen Jahrhunderts, sei die Arbeitszeit immer mehr zurückgegangen. Geräte und Maschinen hätten eben stets einen Produktivitätsfortschritt gebracht, der nicht nur zu mehr Lohn, sondern auch zu mehr Freizeit geführt habe. In dieser größeren Entwicklung stehe auch die heutige Arbeitslosigkeit. Es gehe daher, schon aus diesen grundsätzlichen Erwägungen, nicht an, Strategien einer „Arbeitszeitverkürzung gegen Arbeitslosigkeit" von vornherein abzulehnen. Mit ihnen werde ja lediglich eine Umverteilung der Arbeit — man könnte auch sagen: der Freizeit — angestrebt, wie sie immer schon stattgefunden habe, in der „Dritten industriellen Revolution" könne keine völlig andere Richtung eingeschlagen werden als in der Zeit ihrer Vorgängerinnen. Auch die Arbeitgeber bewirkten ja laufend Arbeitszeitverkürzungen, Arbeitsumverteilungen: durch Kurzarbeit etwa, Ersetzung älterer Arbeitskräfte durch jüngere, „59-Regelungen" — nicht zuletzt durch Entlassungen. Den Gewerkschaften liege es fern, die Notwendigkeit von Einsparungen an Arbeitskraft von vornherein und undifferenziert zu bestreiten. Gerade deshalb müßten sie aber eine Umverteilung der noch vorhandenen Arbeit fordern. Inhuman sei es ja, die große Mehrzahl der Beschäftigten wie bisher voll in Arbeit zu belassen, während eine Minderheit „draußen vor der Tür" stehe. Dies weiche auch von den Entwicklungen ab, welche sich früher im Gefolge eines technischen Fortschritts vollzogen hätten — damals hätten eben die durch Maschinen Verdrängten anderweitig wieder Arbeit gefunden, insgesamt aber sei kürzer gearbeitet worden. Um nichts anderes als die Fortsetzung dieser Entwicklung mit gezielten Maßnahmen gehe es den Vertretern der Arbeitnehmer.

Demgegenüber wird von den Vertretern der Wirtschaft und der Wissenschaft betont: Bei einem Vergleich mit früheren Entwicklungen dürften die Auswanderungswellen nicht vergessen werden, welche damals immer wieder freigesetzte Arbeitskräfte abgezogen hätten, nicht zuletzt hätten sie der Arbeitslosigkeit entgegengewirkt. „Andere Arbeit gefunden" hätten die Verdrängten seinerzeit vor allem im tertiären Sektor; gerade dies sei aber heute nicht mehr der Fall, weil dort die Lohnstruktur keine hinreichende Tiefe mehr aufweise. Dafür seien die Gewerkschaften mitverantwortlich, weil sie z. B. Sockelbetragserhöhungen für die Einkommensschwächeren in diesem Bereich durchgesetzt hätten. Insbesondere aber sei zwar zuzugeben, daß der technische Fortschritt im Ergebnis auch „immer mehr Freizeit" für viele — nicht für alle — gebracht habe. Dieser Erfolg aber sei nur in wirtschaftlich dynamischen Zeiten erzielt worden, nicht jedoch in Perioden der Stagnation oder gar Rezession wie der gegenwärtigen. Die Gewerkschaften verwechselten Resultat und Instrument: Kürzere Arbeitszeiten könnten sich nur aus technischem Fortschritt, Wachstum, Aufschwung ergeben — Arbeitszeitverkürzung sei aber kein taugliches Instrument, um solche Entwicklungen, sozusagen „mit der Brechstange" durchzusetzen.

In all dem wird bereits deutlich, daß die unterschiedlichen Standpunkte in der Frage der Arbeitszeitverkürzung nicht nur im „Pragmatischen" liegen, daß vielmehr grundsätzliche Differenzen darüber bestehen, welche Lehren aus der Wirtschaftsgeschichte der neuesten Zeit zu ziehen sind. Die einen glauben mit Arbeitszeitverkürzung eine historische Gesetzmäßigkeit zu instrumentalisieren — die anderen sehen darin eine Vorwegnahme von Erfolgen, die es erst noch zu erringen gilt — auf anderen Wegen.

2. Eine Großformel als Lösung?

Alle Gesprächsteilnehmer sind darin einig, daß Arbeitszeitgestaltungen grundsätzlich *auch* in die Überlegungen einzubeziehen seien, wie die Arbeitslosigkeit bekämpft werden könne; im folgenden noch näher darzustellender Dissens besteht allerdings in der Frage, welche Formen angemessen seien und was von ihnen erwartet werden dürfe.

Allgemeiner Konsens wiederum ist in einem Punkt festzustellen: Welche Bedeutung man immer „Arbeitszeitverkürzung gegen Arbeitslosigkeit" zuerkennt — „mit einer Großformel" ist eine Lösung der Arbeitsmarktprobleme nicht zu erreichen. Manche hart erscheinenden Gegensätze müssen auf dem Hintergrund dieser deutlich hervortretenden Übereinstimmung gesehen werden, der sie, bis zu einem gewissen Grade, relativiert. Die Gewerkschaften verkennen nicht, daß das reine Rechenexempel, mit der *Einführung der 35-Stunden-Woche würden 2,8 Millionen neue Arbeitsplätze* geschaffen, nicht aufgehen kann. Sie wissen, daß viele davon Rationalisierungsprozessen zum Opfer fallen würden und rechnen allenfalls mit der Hälfte des erwähnten Arbeitsplatzgewinnes, diesen aber wollen sie erreichen. Arbeitszeitverkürzung ist auch nach ihrer Auffassung kein „Zaubermittel", wohl aber eines von mehreren Instrumenten, die gebündelt gegen Arbeitslosigkeit eingesetzt werden sollten, und zwar erscheint sie ihnen eben insoweit als ein probates Mittel. Mit Nachdruck verwahren sich die Gewerkschaftsvertreter gegen die Unterstellung, sie wollten die „Arbeitslosigkeit allein durch deren Umverteilung" beseitigen.

Gegen glatte Großformeln zeigen die Gewerkschaften auch in dem Zurückhaltung, was sie nun als Arbeitszeitverkürzung fordern — *schematische Regelungen könne es hier* überhaupt nicht geben. Die Arbeitnehmervertreter machen gar keinen Hehl daraus, daß in nicht unwichtigen Punkten die Einzelgewerkschaften unterschiedlicher Auffassung über Art und Umfang einer Kürzung sind. Es muß hier, das erkennen sie an, branchenbedingten Unterschieden Rechnung getragen werden, was den Metallern recht ist, muß nicht alles in der Chemie billig sein, mag auch die große Linie gemeinsam bleiben.

Diese Linie geht für die Gewerkschaften vor allem dahin, daß *Regelungen der Arbeitszeit in Tarifverträgen* erfolgen müssen. Anderenfalls sei eine Auflösung des Tarifverbundes zu befürchten, eine solche Gefahr drohe auch schon durch eine „betriebsnahe Tarifpolitik", wie sie gelegentlich von den Arbeitgebern versucht worden sei; diese müßten aber wissen, daß solche Praktiken auch für sie selbst nicht ungefährlich seien.

Demgegenüber wird auf die außerordentliche Komplexität gerade des Themas „Arbeitszeitverkürzung" hingewiesen. Wenn schon einheitliche Groß-Formeln die Lösung nicht bringen können — eignet sich diese Frage wirklich für eine Einzelausgestaltung in Tarifverträgen? Wird sich nicht überhaupt, in einigen Jahren spätestens, herausstellen, daß „Arbeitszeitverkürzung kein Renner der Tarifpolitik" sein kann?

Nicht zuletzt aber werden Zweifel angemeldet, ob das ganze Problem nicht allzusehr nur aus der Sicht einer Großindustrie behandelt werde, welche einerseits unschwer auf größere Arbeitsreserven zurückgreifen kann, zum anderen Arbeitszeitverkürzungen leichter organisatorisch aufzufangen vermag. Wie aber sollen kleine Handwerksbetriebe sich anders als in Produktionsrückgang darauf einstellen? Überdies ist die Arbeitslosigkeit nicht etwa eine einheitliche, überall gleichmäßig auftretende Erscheinung, sondern vor allem nach Qualifikationsstruktur völlig unterschiedlich. Deshalb allein schon wäre eine einheitliche Verkürzungsformel problematisch, weil sie bei Mangelberufen Engpässe noch verschärfen müßte.

Immerhin — alle Begründungen und Lösungsvorschläge, welche in dieser Runde diskutiert wurden, standen stets unter diesem mehr oder weniger ausgesprochenen Vorbehalt: Keine übertriebenen Hoffnungen auf einheitliche Groß-Lösungen setzen, Chancen stecken vor allem, wenn überhaupt, im Detail.

3. Arbeitszeitverkürzung — nur „nach Wachstum"?

Niemand bestreitet, daß *Wachstum geeignet und notwendig ist* für eine durchgreifende und dauerhafte Lösung des Problems der Arbeitslosigkeit. Der Konsens reicht soweit, daß „mehr Wachstum" geradezu als eine unverzichtbare Voraussetzung für die Schaffung neuer Arbeitsplätze anerkannt wird.

Doch nun gehen die Meinungen auseinander: Die einen betonen, das Arbeitslosigkeitsproblem sei vor allem, wenn nicht ausschließlich, durch Wachstumsimpulse zu lösen, insbesondere dürfe es Arbeitszeitverkürzung nur in dem Rahmen geben, welchen eine Zunahme des Wachstums zur Verfügung stelle. Die Gegenthese lautet: Wachstum allein beseitigt die heutige Arbeitslosigkeit nicht, jedenfalls nicht in absehbarer Zeit, Wachstum allein vermag sie nicht einmal entscheidend abzumildern — deshalb tut Arbeitszeitverkürzung not.

a) Die *Wachstumsskeptiker* verweisen vor allem darauf, daß eine *völlig unrealistische Höhe des Wachstums* erforderlich wäre, um auf diesem Wege die fehlenden Arbeitsplätze zu schaffen.

Steigerungsraten von mindestens 7—8 % müßten über viele Jahre erreicht werden, sollte die Beschäftigungslage nachhaltig verbessert werden. Davon aber könne auch nicht entfernt die Rede sein. Hoffnungen auf 2 % Wachstum seien realistisch, allenfalls können noch 3 % erreicht werden. Angesichts der starken Jahrgänge, welche in den kommenden Jahren ins Erwerbsleben drängen würden, könne aber mit solchem Wachstum kaum mehr die gegenwärtige Arbeitslosenquote gehalten werden. Daß sie durch Wachstum allein nicht wesentlich zu senken sei — darin seien sich heute auch die politischen Kräfte in der Bundesrepublik Deutschland weitgehend einig.

b) Die *Befürworter von „Wachstum gegen Arbeitslosigkeit"* antworten darauf mit einem grundsätzlichen Einwand: Die Begründung der Arbeitszeitverkürzung mit ungenügendem Wachstum setzt nach ihrer Auffassung den Nachweis voraus, daß *„weniger arbeiten" überhaupt ein geeignetes Mittel zur Schaffung neuer Arbeitsplätze ist;* nur wenn dies feststehe, dürfe den Vertretern des Wachstums die Frage gestellt werden, wieviel Prozent sie denn als erforderlich ansähen für eine wirksame Bekämpfung der Arbeitslosigkeit und wie sie anders als durch Arbeitszeitverkürzung bei Nichterreichung dieser Quote die Arbeitslosigkeit wesentlich abbauen wollten. Selbst wenn nämlich ein Wachstum nicht erreichbar sein sollte, durch welches die Beschäftigungsprobleme gelöst werden könnten, so bedeute *dies* noch keinen Beweis für Eignung oder gar Notwendigkeit einer Arbeitszeitverkürzung — wenn diese nicht als solche und unabhängig von allen Wachstumsaussichten bewiesen werden könnten. Dies aber ist nach Auffassung derer, die zentral auf Wachstum setzen, bisher nicht gelungen, deshalb fühlen sie sich auch nicht zur Beantwortung der Frage nach arbeitsmarktpolitisch erforderlichen Wachstumsprozentzahlen verpflichtet — die Gegenseite wolle nur davon ablenken, daß sie die Eignung ihres eigenen Instruments, der Arbeitszeitverkürzung, nicht darzutun vermöge.

Nach den Vertretern der Wachstumsthese bleibt es also dabei: Freizeit nur im Rahmen der Produktivitätsentwicklung; diese aber gestattet zur Zeit die Einführung einer 35-Stunden-Woche nicht. Dabei dürfe übrigens nicht nur auf einzelne Sparten der Industrie gesehen werden, um aus deren etwa vergleichsweise günstiger Lage dann viel weitergehende Folgerungen zu ziehen — bis hin gar zu den öffentlichen Verwaltungen.

c) Arbeitszeitverkürzung kann allgemein nur dann unabhängig von mehr oder weniger Wachstum, also nicht nur in dessen Rahmen, arbeitsmarktpolitisch wirken, wenn eine breite Bereitschaft besteht, ggf. auch *nicht unwesentliche Abstriche am Einkommen hinzunehmen*. Dies aber erscheint den Vertretern der Wachstumsthese in der gegenwärtigen Lage höchst unwahrscheinlich. Während auf Gewerkschaftsseite eine gewisse Bereitschaft der Arbeitnehmerschaft zu Opfern angenommen wird, glauben die Arbeitgeber nicht einmal daran, daß in einer „gesättigten Gesellschaft" jedermann mit dem Erreichten zufrieden und damit willens sei, den gesamten Produktivitätszuwachs sogleich in „mehr Freizeit" ummünzen zu lassen. Wenn davon aber nicht auszugehen ist, bleibt nur ein bescheidener Spielraum für Arbeitszeitverkürzung.

Kann Arbeitszeitverkürzung Wachstum beschäftigungspolitisch, wenn nicht völlig, so doch teilweise ersetzen? Dies ist wohl die wirtschaftspolitische Grundfrage, an der sich die Geister scheiden.

4. Job-Killer Arbeitskosten?

a) Wenn es zutrifft, daß eine wesentliche Ursache der gegenwärtigen Arbeitslosigkeit in der Investitionsdämpfung liegt, in der Störung des Investitionsklimas — und davon gehen im Grunde alle Beteiligten aus — so kann *das Problem der Arbeitskosten nicht ausgeklammert werden*. Ist Wachstum beschäftigungswirksam — und auch darin besteht ja Konsens — so stellt sich die Frage nach der Kostenentwicklung: Vernichten Arbeitskosten Arbeitsplätze? Wenn dies zutrifft, so kann Arbeitszeitverkürzung nur dann gegen Arbeitslosigkeit eingesetzt werden, wenn sie zumindest völlig kostenneutral erfolgt, oder gar die Arbeitskosten sinken läßt.

Die Frage nach den „Arbeitskosten als Ursache der Arbeitslosigkeit" wird denn auch als eine entscheidende Vorfrage erkannt und breit diskutiert. Konsens besteht in einem Punkt: Arbeit ist ein Kostenfaktor von großer Bedeutung, ausdrücklich wird dies auch von Gewerkschaftsseite anerkannt.

b) *Der Arbeitspreis in der Bundesrepublik Deutschland sei zu hoch* — diese These wird von vielen und mit großem Nachdruck vertreten. Die in Deutschland produzierten Güter seien so teuer, daß dies die Absatzchancen entscheidend vermindert habe. Seit dem Beginn der 70er Jahre sei es, wegen der unverhältnismäßigen Steigerung der Personalkosten gerade in diesen Jahren, nicht nur zu Wachstumsverlusten gekommen, zahlreiche Arbeitsplätze seien lediglich infolge des Kostendruckes verlorengegangen. Denn unter dem Zwang dieses arbeitskostenbedingten Produktivitätsrückganges habe man immer mehr in den Betrieben auf die Durchführung nützlicher, aber nicht unumgänglicher Aufgaben verzichten müssen, um Arbeitsplätze einzusparen — Statistiken etwa könne man eben monatlich, aber auch nur jährlich erstellen. In den Arbeitskosten steckten überdies hohe Ausbildungskosten, volkswirtschaftlich betrachtet müßten alle jene Transferleistungen berücksichtigt werden, welche den Faktor Arbeit immer noch weiter verteuerten.

Die Arbeitgeber betonen, daß die Arbeitslosigkeit weithin nichts anderes sei als das Ergebnis unverkäuflicher Arbeit. Dies darf allerdings, darauf weisen Wissenschaftler hin, nicht nur global betrachtet werden, entscheidend ist der Blick auf den einzelnen Arbeitsplatz: Verloren geht er stets dann, wenn bei ihm die Kosten/Erlös-Relation nicht mehr erträglich ist, und so kommt es denn auf die Kosten des einzelnen, jedes einzelnen Arbeitsplatzes an. Doch auch aus solcher Sicht behaupten die Vertreter der Unternehmen: Ein Rückgang der Arbeitskosten um nur 10 % — und die heutige Arbeitslosigkeit wäre bereits halbiert!

c) Vor allem der *internationale Vergleich* soll die entscheidende Arbeitsmarktbelastung durch überhöhte Arbeitskosten erhärten. Vertreter der Unternehmen wie auch Wissenschaftler weisen darauf hin, daß die *internationale Wettbewerbsfähigkeit Deutschlands gefährdet sei* und unbedingt der Verbesserung bedürfe. Keine Rede könne davon sein, daß „an sich" wenig Nachfrage vorhanden sei, kein hinreichender Bedarf; nach wie vor sei die Nachfrageflexibilität hoch. Bedarf bestehe aber eben nicht nach den teuren deutschen Schiffen, sondern nach den billigeren japanischen und koreanischen, in denen weniger Arbeitskosten steckten. Deutsche Motorräder und Kameras seien noch immer hervorragend — den Markt hätten sie nur deshalb an die Japaner verloren, weil sie zu teuer seien — eben auch arbeitskostenbedingt.

Nun wird zwar geltend gemacht, die Bundesrepublik Deutschland sei nach wie vor international voll wettbewerbsfähig, das zeigten bereits ihre immer wieder erheblichen Außenhandelsüberschüsse. Demgegenüber darf allerdings nicht vergessen werden, daß gerade diese letzteren mit schmerzhaften Prozessen der Gesundschrumpfung erkauft werden mußten, insbesondere auch mit monetären Opfern, welche alle Bürger belastet haben. Die Lohnstückkosten der deutschen Wirtschaft mögen nicht die allerhöchsten auf der Welt sein — mit an der Spitze liegen sie sicher. In (noch) „billigeren" Ländern, etwa auch in Japan, sind aber eben nicht nur die Löhne niedriger, es wird auch mehr gearbeitet als in Deutschland.

d) Auf diesem Hintergrund stellt sich nun allerdings die Frage, ob eine *Arbeitszeitverkürzung die Arbeitsmarktprobleme lösen*, ob sie nicht vielmehr neue schaffen würde. Die Arbeitszeit ist in Deutschland heute schon kürzer als in allen anderen wichtigen Konkurrenzländern. In der Schweiz etwa, mit ihrer vergleichsweise günstigen Beschäftigungslage, wird eben schon heute mehr und damit, wie es scheint, auch billiger gearbeitet. Wenn nun aber in der Mehrarbeit eine Billigkeitschance liegt — soll dann eine 35-Stunden-Woche in Deutschland Entlastung bringen, welche Lohnkostensteigerungen von 14 % bedeuten könnte, damit aber eine massive Vorwegnahme eines möglichen späteren Produktivitätswachstums? Allein schon der *Ankündigungseffekt* solcher Arbeitszeitverkürzung darf doch, so wird gewarnt, nicht unterschätzt werden — internationale Investoren und multinationale Konzerne überlegen bereits heute, ob solche Produktivitätsbelastungen überhaupt in absehbarer Zukunft aufgefangen werden können. Dort vor allem, wo Mangel an qualifiziertem Personal schon heute fühlbar ist, müssen doch Arbeitszeitverkürzungen zu Überstunden, damit aber zu einer weiteren Verteuerung der Arbeitskosten führen. Besorgt wird daher gefragt, ob das alles nicht nur eine Verteilung unverkäuflicher Arbeit bringen wird, wo es doch gilt, verkäufliche Arbeit zu mehren.

Wohl stecken in den Arbeitskosten auch jene *Lohnnebenkosten*, in denen auch Belastungen mit den Folgen der hohen Arbeitslosigkeit enthalten sind. Dennoch fragt es sich, ob Arbeitszeitverkürzung hier auch nur annähernd jene Erschwerungen kompensieren könnte, welche sie andererseits, durch Steigerung der Arbeitskosten hervorruft.

Sicher ist eines: Die Arbeitskosten dürfen durch Arbeitszeitverkürzung nicht wesentlich erhöht werden, sonst werden die Entlastungseffekte auf dem Arbeitsmarkt, die von hier ausgehen könnten, durch verstärkte Absatzschwierigkeiten negativ kompensiert. Ob dies sich aber vermeiden läßt — das ist eine weitere, entscheidende Frage.

5. *Arbeitsplätze durch Unternehmensgewinne?*

Kostenproblem und Arbeitslosigkeit sind untrennbar. Doch dann stellt sich eben auch die Frage: Welche Bedeutung kommt hier den Kapitalkosten zu, sind sie zu hoch? Steht zu erwarten, daß höhere Unternehmensgewinne, mehr verfügbares Kapital auch mehr Arbeitsplätze wird schaffen können?

Unwidersprochen ist die Feststellung, nicht nur die Kosten der Arbeit, sondern auch die Kapitalkosten seien heute zu hoch. Der viel beklagte Rückgang der Investitionstätigkeit hängt sicher auch damit zusammen. Von Unternehmerseite wird daraus der Schluß gezogen, die Unternehmensgewinne müßten steigen, nur dann könnten die Arbeitsplätze gesichert, neue geschaffen werden. Diese Unternehmensgewinne seien eben nicht hinreichend gewachsen. Da sie eine Mischgröße darstellten, sei es nie gelungen, exakt zu bestimmen, ob sie sich wirklich in einer Weise erhöht hätten, welche arbeitsplatzschaffende Investitionen ermöglichte.

Fest steht, wie bereits erwähnt, daß die Kapitalintensität bei der Schaffung von Arbeitsplätzen ständig zunimmt. Es müßte daher den Unternehmen schon erheblich mehr Kapital zur Verfügung stehen, sollten sie durch Einsatz von Kapital wirklich zur Entlastung des Arbeitsmarktes beitragen. Von *Gewerkschaftsseite* wird jedoch ganz grundsätzlich bezweifelt, daß damit zu rechnen sei:

Die bisherige Produktivitätsentwicklung, so wird dort geltend gemacht, sei ohnehin seit langem einseitig „dem Kapital" zugute gekommen, nicht „der Arbeit". Das Kapital habe jedoch keine Veranlassung gesehen, arbeitsplatzschaffend zu wirken. In den vergangenen Jahren hätten die Arbeitnehmer nicht nur einmal auf Lohnerhöhungen teilweise verzichtet, in der Hoffnung, durch das so verstärkte Produktivkapital würden neue Arbeitsplätze geschaffen. Eingetreten aber sei eine ganz andere Folge: Zugenommen habe der *Kapitalabfluß ins Ausland,* vor allem in die USA. Riesensummen seien so dem deutschen Arbeitsmarkt verloren gegangen, nur weil anderswo bessere Renditen gewinkt hätten. Wenn eine solche Entwicklung anhalte, bleibe den Gewerkschaften nur die Forderung nach Kapitalverkehrskontrollen, wollten sie, den Thesen der Wachstumsbefürworter folgend, Arbeitsplätze durch mehr Investitionen aus Unternehmergewinnen sichern und neu schaffen. Wenn dies aber nicht erreicht werden könne, so stehe ihnen erst recht nur der Weg der Arbeitszeitverkürzung offen, für welche dann das Kapital die Verantwortung zu tragen habe.

Befürworter marktwirtschaftlicher Lösungen wenden dagegen wiederum ein, der Kapitalabfluß ins Ausland habe vor allem einen Grund: Die *Rentabilität sei zu gering* in Deutschland, im Ausland könne mehr Zins geboten werden, weil die ausländischen Produkte sich eben besser verkauften als die deutschen. Dies wiederum sei aber nicht zuletzt die Folge von „mehr Arbeit", welche im Ausland geleistet werde. Wer also in Deutschland Arbeitszeitverkürzungen fordere, verschärfe die Ursachen einer Kapitalflucht, welche in der Tat beschäftigungsfeindlich sei — ihm bleibe nur der Ausweg in Kapitalverkehrsdirigismen, welche aber im Grunde niemand wünsche. Arbeitszeitverkürzung sei daher, betrachte man die Arbeitsplatzschaffung von der Kapitalseite aus, nicht ein Mittel zum Abbau der Arbeitslosigkeit, sondern zu deren Verschärfung.

Wie immer man Bedeutung und Verantwortung des Kapitals für die Arbeitsmarktlage beurteilt — deutlich zeigt sich auch hier, daß ein Zusammenhang zwischen Arbeitskosten und Arbeitsplätzen besteht.

6. *Arbeitszeitverkürzung — eine „zweite Lohnfront"?*

Notwendig stellt sich also eine Frage: Bedeutet nicht eine *Arbeitszeitverkürzung massive neue Lohnerhöhungsforderungen?* Gefordert wird doch bereits der *volle Lohnausgleich*. Bei Einführung der 35-Stunden-Woche würde dies aber einer Anhebung der Löhne um etwa 14 % gleichkommen — dazu kämen dann noch die üblichen Lohnforderungen, welche mindestens Inflationsausgleich anstrebten. Muß eine Kumulierung all dieser Forderungen nicht die Wirtschaft völlig überfordern und konkurrenzunfähig machen, würde sich dann nicht eine Entwicklung wiederholen, welche bereits zu Beginn der 70er Jahre die Arbeit stark verteuert und damit zum Verlust von vielen Arbeitsplätzen geführt hat?

a) *Die Gewerkschaften bestreiten dies nachdrücklich.* Überzogene Lohnforderungen seien schon früher nicht gestellt worden, nicht deshalb sei die Arbeitslosigkeit angestiegen. In den letzten Jahren jedenfalls könne den Vertretern der Arbeitnehmer ein solcher Vorwurf nicht gemacht werden — die Tarifabschlüsse zeigten, daß nicht einmal das Ziel der Reallohnsicherung habe erreicht werden können. Den Gewerkschaften sei immer bewußt gewesen, daß Arbeitszeitverkürzungen bei Lohnausgleich für die Arbeitgeber ein Mehr an Kostenbelastung bedeute. Stets hätten sie also ihre Lohnforderungen mit dem Verlangen nach kürzerer Arbeitszeit abgestimmt und diese letztere auf die Lohnerhöhungen angerechnet. Den Arbeitnehmern sei doch ebenso klar wie den Unternehmern, daß *„derselbe Kuchen nur einmal verteilt werden könne".* Daran werde sich auch bei den Verhandlungen über die 35-Stunden-Woche nichts ändern. Die Arbeitnehmer seien bereit, auf Lohn zu verzichten, um weniger zu arbeiten und damit andere in Arbeit zu bringen — schon weil sie sonst ja die Arbeitslosenkosten für diese zu tragen hätten. Auf Nachfragen kam von den Gewerkschaftsvertretern die ganz eindeutige Aussage: Wir werden im Ergebnis nicht um eine Mark deshalb mehr fordern, weil es nun um mehr Lohn *und* um mehr Freizeit geht, als wenn wir nur Lohnforderungen angemeldet hätten. Was wir erreichen wollen, ist lediglich, daß die Arbeitnehmer „teilweise in mehr Lohn, teilweise in mehr Freizeit ausbezahlt werden".

Über die Gesamthöhe der Forderungen, welche die Gewerkschaften für gerechtfertigt halten, sagt dies allerdings nichts aus. Sie wollen sich insbesondere nicht darauf festlegen lassen, daß sie in Zukunft nur die Verteilung des jeweiligen Produktivitätszuwachses zu erreichen suchen. Deutlich erklären sie, Inflationsausgleich stelle für sie nach wie vor eine wichtige Richtgröße für ihre Forderungen dar. Darüber hinaus wird offen zugegeben, daß auch Umverteilungsziele weiter verfolgt werden — mit oder ohne Arbeitszeitverkürzung.

Eines aber scheint eindeutig: Von Arbeitszeitverkürzung als einer „zweiten Lohnfront" wollen sich die Vertreter der Gewerkschaften distanzieren, wenn dies als Ankündigung von Mehrforderungen verstanden werden sollte, über das sonst zu Verlangende hinaus.

b) Andere Gesprächsteilnehmer, vor allem Arbeitgeber, begrüßen dies zwar, zeigen sich aber überrascht und verhehlen nicht ihre *Skepsis:* Bedeutet denn die Forderung des „vollen Lohnausgleichs", die ja bei aller Arbeitszeitverkürzung als unabdingbar bezeichnet wird, nicht doch eine massive „zweite Lohnfront", wird mit Rücksicht auf sie die sonst zu erwartende Lohnforderung wirklich wesentlich ermäßigt werden? Gehen denn nicht die Gewerkschaftsmitglieder, die Arbeitnehmer schlechthin, ja die Öffentlichkeit, bereits ganz selbstverständlich davon aus, daß damit eben den Arbeitgebern höhere Opfer zugemutet werden müssen — zur Bekämpfung der Arbeitslosigkeit? Glaubt denn irgend jemand an diese volle „Anrechnung der Arbeitszeitverkürzung auf die Lohnforderungen" — und was bliebe denn dann von der sozialpolitischen Stoßkraft dieser Bewegung? Ist wirklich damit zu rechnen, daß die Arbeitnehmer in größerem Umfang Lohnverzicht leisten werden, nur um weniger zu arbeiten — selbst wenn dann ihr Lebenshaltungsniveau fühlbar absinkt? Soll hier nicht doch nur eine zweite, zusätzliche Lohnfront verschleiert werden?

Zweifel werden auch angemeldet, ob denn die Gewerkschaften tatsächlich in der Vergangenheit stets so moderat aufgetreten seien, daß ihnen nun diese Zurückhaltung ohne weiteres zuzutrauen sei. Wenn sie sogar in der gegenwärtigen schwierigen Lage von „Umverteilung" sprächen, wenn ihnen die Lohnquote wichtiger sei als der Lohn, wenn sie damit eine Gefährdung jenes Wachstums in Kauf nähmen, welches doch unbestritten arbeitsmarktentlastend wirke — stehe dann wirklich zu erwarten, daß sie die politisch wirksame Forderung nach Arbeitszeitverkürzung nicht zur Realisierung sonst nicht durchsetzbarer Lohnforderungen einsetzen würden?

Das klare Bekenntnis der Gewerkschaftsvertreter zu „Arbeitszeitverkürzung als Form der Nettolohnerhöhung" würde sicher die künftigen Auseinandersetzungen um „den vollen Lohnausgleich" ganz wesentlich entschärfen. Werden aber die Gewerkschaftsvertreter diese Linie wirklich durchhalten können, welche den Verzicht auf ein sozialpolitisch wirksames neues Instrumentarium in den lohnpolitischen Auseinandersetzungen bedeutet? Diese Frage mag manchen Teilnehmer der Gesprächsrunde bedrückt haben.

7. Weniger arbeiten — „aus Sättigung"?

Die Aussprache kam immer wieder auf ein Thema zurück: Sind es die hohen Lohnkosten, welche die Arbeitsplätze gefährden — oder bietet Arbeitszeitverkürzung den Ausweg, unabhängig vielleicht sogar von ihren kostenmäßigen Auswirkungen? Diese Zentralfrage wurde auch unter einem speziellen Aspekt diskutiert: dem der ungenügenden Nachfrage, bis hin zur „Sättigungsproblematik".

a) *Die Gewerkschaften sehen hier eine weitere Begründung ihrer Forderung nach Arbeitszeitverkürzung:* Die Stagnation sei heute weltweit, schon deshalb könne sie in Deutschland nicht in erster Linie auf überhöhte Löhne zurückgeführt werden. Wenn man aber schon Absatzschwierigkeiten beklagt und deshalb Arbeit einzusparen sucht — muß man dann nicht in erster Linie die Nachfrage beleben? Wer aber soll denn die Ergebnisse des technischen Fortschritts, des angeblich arbeitsschaffenden Wachstums kaufen, wenn die Löhne stagnieren oder gar sinken? Die Grenzen des wirtschaftlichen Wachstums über einen Handel mit Entwicklungsländern sind doch gerade in den letzten Jahren deutlich geworden: Gläubiger für diese Partner wären in viel größerem Umfang erforderlich, damit dort die deutschen Produkte nachgefragt werden könnten.

Mit dieser Argumentation finden die Gewerkschaftsvertreter über ihre Forderung nach Arbeitszeitverkürzung den Anschluß an eine größere These, an eine „klassische" Diskussion zwischen ihnen und den Arbeitgebern: *Nachfragewirtschaft* oder *Angebotswirtschaft:* Über Wachstum allein kann nach den Gewerkschaften die Arbeitslosigkeit nicht wirksam bekämpft werden, weil damit nur einseitig die Angebotsseite berücksichtigt würde, wo es doch auch, wenn nicht vor allem, gilt, die Nachfrage zu beleben. Und selbst wenn die Arbeitszeitverkürzung, durch den vollen Lohnausgleich, Arbeitskraft weiter verteuern sollte — kommt dies nicht umittelbar der Nachfrage zugute, dem Absatz, damit einer Produktivität, welche Arbeitsplätze erhält und schafft?

Kann die gefährliche Nachfragestagnation nicht doch nur durch Arbeitszeitverkürzung überwunden werden?

b) Einige Teilnehmer der Gesprächsrunde aus dem Unternehmensbereich setzen die Akzente anders, insbesondere sehen sie im günstigen Angebot den Hauptmotor für „mehr Arbeitsplätze", Gefahren dagegen in Lohnsteigerungen durch Arbeitszeitverkürzung — davon war bereits die Rede. Sie weisen auf den nicht unbedenklichen „*Sparquoteneffekt*" hin: Selbst wenn mehr Kaufkraft, etwa über Lohnerhöhungen, geschaffen werde, könne nicht sicher mit mehr Absatz gerechnet werden, solange die Güter — lohnbedingt — zu teuer seien und deshalb die Sparquote der privaten Haushalte zunehme.

Betont wird — und darin besteht allgemeine Übereinstimmung — daß Bedarf allein nicht genügt, daß vielmehr Bereitschaft vorhanden sein muß, das Gewünschte aus eigener Tasche zu bezahlen. Daran aber fehlt es heute nicht selten, vor allem dort, wo in der Tat neue Bedürfnisse angemeldet werden, etwa im Umweltschutz. Allzu rasch hat man sich daran gewöhnt, die Finanzierung ihrer Erfüllung von Dritten zu erwarten, vor allem vom Staat.

Unter diesem Blickwinkel muß auch das Problem „*Sättigung*" und „*Arbeitszeitverkürzung*" gesehen werden. Bei den Vertretern der Unternehmen und der Wissenschaft findet eine These kaum Anklang, welche allgemeine, unüberwindliche Sättigung behauptet, und die Arbeitnehmervertreter betonen ebenfalls, daß laufend neue Bedürfnisse entstehen. „Arbeitsumverteilung wegen Sättigung" — so allgemein läßt sich also nicht begründen.

Eine „relative Sättigung" dagegen ist unverkennbar — wenn man diesen Begriff eben so bestimmt, daß die eigenen Bedürfnisse zunehmend nicht mehr aus eigener Tasche befriedigt werden können; dies aber ist im Inland, insbesondere jedoch in Entwicklungsländern der Fall.

„Neue Bedürfnisse" gibt es laufend schon heute, und nicht nur im Umweltbereich; sie werden auch in Zukunft nicht fehlen, drängt doch eine zahlenstarke junge Generation mit neuen Wünschen zu neuem Konsum. Vertreter der Wirtschaft sehen daher vor allem einen Weg: Absenkung der „relativen Sättigungs-Schwelle" durch eine Preisgestaltung, welche Bedürfnisbefriedigung erschwinglich, ja neue Bedürfnisse erst bewußt macht, auch für die heraufkommende Generation.

Nicht anders werden Bedürfnisproblem und Sättigung im *Außenhandel* beurteilt. Vertreter der Unternehmen sehen die Möglichkeit, neue Arbeitsplätze zu schaffen, gerade für Deutschland ganz entscheidend, wenn nicht ausschließlich, in „mehr Export", vor allem in die Entwicklungsländer. Dort aber zeigen sich ganz deutlich die wahren Dimensionen der „Sättigungsfrage": Die Bedürfnisse sind nahezu unbegrenzt; enge Schranken aber zieht die Leistungsfähigkeit — immer noch engere, wenn Industrieländer wie die Bundesrepublik Deutschland nicht preisgünstiger anbieten können.

Auch mit Blick auf Sättigung und Nachfrage bleibt jedoch die Frage nach den Arbeitskosten gestellt — in ihrer Beantwortung aber gehen die Meinungen auseinander.

8. „Technischer Fortschritt" — mehr Arbeit oder mehr Freizeit?

a) Technischer Fortschritt ist Voraussetzung für Sicherung und Schaffung von Arbeitsplätzen — das bezweifelt niemand; es fragt sich nur, unter welchen Voraussetzungen, insbesondere, welche Bedeutung hier einer Arbeitszeitverkürzung zukommt.

Vertreter der Wissenschaft warnen davor, im „technischen Fortschritt an sich" schon eine Arbeitsmarktchance zu sehen: *„Die Wirkungen des technischen Fortschritts hängen vom Menschen ab",* von den Wirkungsmöglichkeiten, welche er ihm eröffnet. Auch die Gewerkschaften setzen nicht auf eine dauernde, automatisch arbeitsplatzsichernde Wirkung, wenn sich auch die ökonomische Entwicklung selbstverständlich nicht von ihm abkoppeln darf. Von Unternehmensseite wird betont, technischer Fortschritt schaffe eben zunächst nur Arbeitsplätze, nicht Produkte, diese letzteren müßten erst auf dem Markt untergebracht werden; auch unter Hinweis auf technischen Fortschritt könne man sich der Beantwortung der Zentralfrage nach den Kosten der Arbeit nicht entziehen.

b) In der Diskussionsrunde herrschte *keineswegs die Grundstimmung eines „reinen Optimismus des technischen Fortschritts".* In der letzten Zeit habe es wohl allzuviel „Verfahrensfortschritte" gegeben, zu wenig *„Produktfortschritt",* deshalb habe die Marktlage nicht arbeitsplatzgünstig beeinflußt werden können, die Erschließung neuer Märkte durch technischen Fortschritt sei nicht hinreichend gelungen.

Vor allem aber wird auf das Problem der *zeitlichen Verzögerung in den Wirkungen des technischen Fortschritts* hingewiesen: Erfindungen, welche vor einem Jahrzehnt oder noch früher gemacht worden seien, wirkten sich erst heute arbeitsplatzmäßig aus — aber auch Versäumnisse zurückliegender Jahre. Infolge solcher Verzögerungen führe der „technische Fortschritt" sogar zu einer Verschleierung der augenblicklichen Beschäftigungschancen — vielleicht lasse er sie heute in allzu günstigem Licht erscheinen, während sich erst in den kommenden Jahren zeigen werde, wieweit Deutschland in der Vergangenheit schon zurückgefallen sei.

Der „*technische Fortschritt als Job-Killer*" schließlich — bis zu einem gewissen Grad muß auch damit gerechnet werden, vielleicht in steigendem Maße, darin war sich die Runde einig. Konsens besteht aber auch, daß dieser Fortschritt bejaht werden müsse, selbst wenn noch so viele Arbeitsplätze durch ihn gefährdet würden. Es gilt eben, ihn zu *fördern und dann richtig einzusetzen* — „als solcher" bedeutet technischer Fortschritt weder mehr noch weniger Arbeit, er gibt allein auch noch keine Antwort auf die Frage nach der Notwendigkeit von Arbeitszeitverkürzungen. Als *eine* Lösungsvoraussetzung wird er von allen gesehen, nicht aber als eine Wunderwaffe auf dem Arbeitsmarkt.

c) Das Thema „Bildung und Arbeitszeit" wird vor allem in diesem Zusammenhang angesprochen, insbesondere in der Frage der *Ausbildungszeiten*. Die *Umschulung* sei von zentraler Bedeutung für die Verbesserung der Einsatzmöglichkeiten von Arbeitskräften, weil hier die Arbeitslosigkeit, bis zu einem gewissen Grade, ein Qualifikationsproblem darstelle. Umschulung erfolge jedoch bisher zu langsam, ihre Flexibilität trage den Bedürfnissen der Wirtschaft nicht hinreichend Rechnung.

Die Verlängerung der Ausbildungszeiten wird von vielen beklagt. Zwar werde dadurch Arbeits-Nachfrage aufgestaut, der Markt vorübergehend entlastet. Zugleich liege darin aber bereits eine wesentliche Verkürzung der (Lebens-)Arbeitszeit, welche mehr als bisher in der Diskussion um Arbeitszeitverkürzungen berücksichtigt werden müsse. Die oft überlangen

Ausbildungszeiten hätten überdies noch den ungünstigen Effekt, daß sich die ohnehin festzustellende Verknappung an talentiertem Nachwuchs verschärfe. Dort, wo dringende Nachfrage nach Arbeitskraft bestehe, etwa in gewissen Bereichen der Forschung, wirkten sich solche „Arbeitszeitverkürzungen durch Ausbildungszeitverlängerung" als Abschwächung des technischen Fortschritts aus, bald auch der Produktivität.

In diesem Zusammenhang stellt sich dann die weitere Frage, ob eine einheitliche Arbeitszeitverkürzung nicht auch eine *deutliche Gefahr für den technischen Fortschritt* bedeute, damit aber eine Chance zur Entlastung des Arbeitsmarktes gefährde. Sollten hochqualifizierte Forscher etwa nicht mehr arbeiten anstatt weniger, sollen sie gar daran mit Zwang gehindert werden — wenn ihre Leistungen doch gar nicht ersetzbar, ihre Arbeit überhaupt nicht umverteilbar ist? Und berechtigt dies dann nicht zu der weiteren Frage, ob Arbeitszeitverkürzung nicht stets nur nach der *jeweiligen* Arbeitsmarkt-, nach der Arbeitsbedarfslage also, in Betracht kommt? Die Absage an die „Großformel als Lösung" des Arbeitszeitproblems (vgl. o. 2) scheint hier eine weitere Begründung zu finden.

Technischer Fortschritt — das „sind noch nicht Arbeitsplätze", aber es ist eine Chance für sie; ihr darf keinesfalls entgegengewirkt werden, auch nicht durch Verkürzung der Arbeitszeit.

9. *Flexible Arbeitszeit — Hoffnung für den Arbeitsmarkt?*

a) Die Wirtschaft ist durchaus bereit, auch *Arbeitszeitgestaltungen zur Verbesserung der Beschäftigungslage* einzusetzen. Ihre Vertreter weisen auf vielfältige Angebote der Betriebe zu einer Flexibilisierung der Arbeitszeit hin, insbesondere durch Teilzeitarbeit. Dabei müsse allerdings nicht nur auf branchenbedingte Bedürfnisse Rücksicht genommen, sondern auch noch innerhalb der Branchen differenziert werden; gerade dies aber sei bei flexibler Arbeitszeit durchaus möglich. In

Großbetrieben insbesondere könnten hier weitgefächerte Angebote gemacht und der jeweiligen Lage auch kürzerfristig angepaßt werden, durch Einschränkung der täglichen Arbeitszeit, arbeitsfreie Tage u. a. m. In gewissen Bereichen, etwa in der Chemie, sei derartiges schon vielfach erprobt worden.

Nicht einheitlich ist nun allerdings das Meinungsbild zu der Frage, ob davon eine Entlastung des Arbeitsmarktes zu erwarten sei.

b) *Von Gewerkschaftsseite* wird geltend gemacht, eine solche Flexibilisierung der Arbeitszeit sei den Arbeitgebern ja heute schon ohne weiteres möglich, kein Tarifvertrag hindere sie daran. So könnten etwa die Unternehmen ihre Reinigungsdienste in freier Gestaltung der Arbeitszeit organisieren. Für den Arbeitsmarkt sei hier allerdings kaum etwas zu erhoffen, das habe sich doch schon bisher gezeigt, in einer Lage, auf welche die Gewerkschaften keinen Einfluß hätten nehmen können. Solche Angebote wendeten sich ohnehin nur an „Individualisten", an solche Arbeitnehmer, welche keine größeren familiären Lasten zu tragen hätten und daher leichter zeitweise auf Lohn verzichten könnten. „Große Lösungen" seien hier keinesfalls zu erwarten. Die Arbeitgeber sollten überdies berücksichtigen, daß es auch Grenzen für derartige Flexibilisierungen der Arbeitszeit gebe, dort etwa, wo eben Fachkräfte fehlten, und daß sie selbst möglicherweise nicht unerhebliche zusätzliche Belastungen zu tragen hätten, wenn flexible Lösungen ausgeweitet würden — man denke nur an die dann anwachsenden Krankheitskosten.

c) *Die Wirtschaft und auch Vertreter der Wissenschaft* räumen ein, daß die Wirkungen flexibler Arbeitszeit auf dem Arbeitsmarkt nicht allzu hoch zu veranschlagen seien, dennoch könne auf diese Weise organisatorisch den Bedürfnissen der Betriebe wie den Wünschen der Arbeitnehmer nicht selten entgegengekommen werden, dies sei aus Gründen der Effizienzsteigerung doch zu begrüßen. Arbeitszeitverkürzung und Flexibilisierung der Arbeitszeit dürften nicht in einen Gegensatz gebracht werden. Flexible Arbeitszeitgestaltung sei stets erforderlich und als solche gar nicht zu ersetzen, weil sie die Anpassung in den Unternehmen begünstige. Gewisse Entlastungseffekte für den Arbeitsmarkt könnten auch durchaus eintreten, immerhin sei doch auch Teilzeitbeschäftigung besser als Arbeitslosigkeit. Es sei auch bereits gelungen, auf diesem Wege Entlassungen zu vermeiden. Schwierigkeiten entstünden den Unternehmen allerdings daraus, daß sie solche Angebote nur in Zusammenarbeit mit den Betriebsräten verwirklichen könnten. Diese sollten daher nicht von den Gewerkschaften dahin instruiert werden, daß dies abzulehnen sei.

d) Meinungsverschiedenheiten bestehen schließlich darüber, wieweit diese Flexibilisierung zum *Gegenstand von Tarifverträgen* gemacht werden solle. Die Gewerkschaften fordern dies, wenigstens rahmenmäßig, zumindest wenn es hier zu Gestaltungen von größerem Umfang kommen sollte; es liege auch nicht im Interesse der Unternehmer, daß auf solche Weise der Tarifverbund unterlaufen werde. Andere Teilnehmer weisen demgegenüber auf die Schwierigkeiten hin, auf einzelne Unternehmen zugeschnittene Lösungen in Tarifverträgen zu verankern. Auch müsse es dem betreffenden Arbeitnehmer gerade hier überlassen bleiben, in welchem Umfang er damit Lohnverzicht leisten wolle; die Bereitschaft zu einer solchen freien, individuellen Entscheidung bestehe durchaus.

10. „Fleißige Deutsche — fleißigere Ausländer?"

In der Aussprache wurde immer wieder die Befürchtung laut, einheitliche Arbeitszeitverkürzung könnte die deutsche Wirtschaft schon deshalb konkurrenzunfähig machen, weil so die Deutschen, früher das Vorbild der Arbeitsamkeit, dann von den bei weitem „fleißigeren Ausländern" überrundet würden. In der reicheren, im übrigen aber weithin vergleichbaren Schweiz werde eben mehr gearbeitet, ebenso im Hauptkonkurrenzland Japan; möge dort auch die Lebensarbeitszeit in den Unternehmen kürzer sein — die ausscheidenden Arbeitskräfte erhielten nicht Renten, sondern Kapitalabfindungen, mit denen sie sich eine neue wirtschaftliche Existenz aufbauten, so daß sie keineswegs aus dem Erwerbsleben ausschieden.

Hingewiesen wird aber vor allem auf die *Entwicklung in den Vereinigten Staaten*. Dort sei es gelungen, aus einer sehr schlechten Beschäftigungslage heraus, in den vergangenen Jahren viele Millionen neuer Arbeitsplätze zu schaffen, gerade noch in letzter Zeit, das Land erlebe einen gewaltigen technologischen Aufschwung. Sicher sei dies auch das Ergebnis produktivitätsfördernder Steuerpolitik und einer Sozialpolitik, welche die Unternehmen nur mit der Hälfte der in Deutschland anfallenden Lohnnebenkosten belaste. Obwohl die Produktivität weniger gestiegen sei als in der Bundesrepublik Deutschland, habe sich die Arbeitsmarktlage im Verhältnis viel rascher verbessert, weil sich die Arbeit eben, infolge des seit Beginn der 70er Jahre stagnierenden Reallohnniveaus, nicht in vergleichbarer Weise verteuert habe. Deshalb hätten auch mehr Arbeitskräfte im tertiären Sektor Aufnahme gefunden.

Die Amerikaner seien nicht nur zu Lohneinbußen bereit, sie arbeiteten auch mehr als die Deutschen, die Jahresarbeitszeit liege erheblich höher. Vor allem aber: In Amerika, wo Arbeitsplätze geschaffen würden, gebe es keine Diskussion über Arbeitszeitverkürzung, auch nicht zur Einschränkung der Lebensarbeitszeit — im Gegenteil: Bei Gesetzesberatungen über die auch dort anstehende Sanierung der Altersrentenversicherung habe sogleich Bereitschaft bestanden, das Rentenalter sogar auf über 65 Jahre ansteigen zu lassen. Längerfristig habe man nämlich keine Möglichkeit gesehen, auf andere Weise eine demographische Entwicklung auffangen zu können, welche übrigens längst nicht so ungünstig laufe wie die in der Bundesrepublik Deutschland.

Können es sich die Deutschen leisten, weniger zu arbeiten als ihre Wettbewerber, ist ihr Rezept gut, von dem so wichtige Konkurrenten offenbar wenig halten?

11. Ausblick: „Arbeitsoptimismus" oder „Umverteilung der Arbeit"?

Unterschiedliche Positionen zum Thema „Arbeitszeitverkürzung" werden nicht nur in der Beurteilung einzelner Entwicklungen deutlich, sie liegen vor allem im Grundsätzlichen. Die Gewerkschaften wollen „nicht allein auf den Optimismus des Marktes setzen", die Marktwirtschaft dürfe nicht Münchhausen im Sumpf spielen. Man solle auch nicht alles für irreversibel halten, was heute in der schwierigen Arbeitsmarktlage gefordert werde. Was nicht zu halten sei, werde eben später wieder zurückgenommen, die Zurückdrängung der Sozialstaatlichkeit in unseren Tagen beweise dies doch.

Dem steht der Aufruf zu *mehr Optimismus* gegenüber. Er kommt nicht nur aus der Wirtschaft, sondern vor allem von Vertretern der Wissenschaft: Die 35-Stunden-Woche könne ein Abgleiten in mittelmäßige Schwunglosigkeit einleiten. Die Wachstumsmöglichkeiten seien noch keineswegs ausgeschöpft. Gefordert wird „mehr Mut zum Markt". Wie könne die Überwindung der Arbeitslosigkeit von einer Marktwirtschaft erwartet werden, welche heute ohnehin schon in weiten Bereichen aufgegeben sei, wie in der Landwirtschaft oder im Wohnungssektor, und durch steigende Staatsquoten noch immer weiter zurückgedrängt werde? Die Gewerkschaften hätten in der Phase des Wiederaufbaus die Marktwirtschaft und ihr Wachstum mitgetragen — damit seien sie doch im Ergebnis gut gefahren. Sie seien also auch nur gut beraten, wenn sie nicht jene Tendenz zum Pessimismus verstärkten, welche in der Arbeitszeitverkürzung liege. Oder müsse es bald heißen, Altruist sei, wer weniger arbeite? Wiederaufbau — das sei auch heute noch ein Programm, jedenfalls für die junge Generation.

Arbeitszeitverkürzung gegen Arbeitslosigkeit — die Runde hat sich getrennt mit vielen offenen Fragen, mit Hoffnungen und Sorgen, doch mit einem gemeinsamen Ziel: Die deutsche Wirtschaft darf nicht geschwächt, sie muß stärker werden.

          Manfred Neumann   Walter Leisner

Printed by Libri Plureos GmbH
in Hamburg, Germany